로고스로 그리다

LOGOS
로고스로
그리다

초판발행일 | 2017년 7월 25일

지 은 이 | 김우석
펴 낸 이 | 배수현
편집디자인 | 박수정
홍 보 | 배성령
제 작 | 송재호

펴 낸 곳 | 가나북스 www.gnbooks.co.kr
출 판 등 록 | 제393-2009-12호
전 화 | 031) 408-8811(代)
팩 스 | 031) 501-8811

ISBN 979-11-86562-59-8

LOGOS

로고스로
그리다

김우석 지음

일러스트로 전하는 큐티레터

주님아니면
은혜아니면

—   꿈꾸게한 소망이 마침내 책으로 나오는 순간
이 되니 개인적인 공명심과 욕심이 차올라 근심과 걱정이 되어
찾아옵니다. 인지도 없는 지방대를 나온 디자이너. 혼자 잘난 척
하며 세상의 유혹과 즐거움의 가치를 쫓아다니다 돌아온 탕자 아
들. 미혼의 교회 평신도 집사. 신학에 대한 학식과 경력이 없는
자. 다양한 비교를 마음에 채우며 내새울 것이 참 없구나 싶은 인
간적이 낙심이 찾아옵니다.

   주심이 주신 사랑의 마음을 깨닫고 그린 묵상의 그림들로 주
님을 전하도록 주신 소망이 사사로이 인기와 유명을 얻고 싶은
욕심이 되고 개인적 지명도를 높이고 싶은 마음으로 채워집니
다. 과연 얼마나 팔리고 알려질지에 대한 세상적 가치와 인간적
욕심으로 비교가 들끓기 시작하니, 이런 저런 인맥과 관계를 동
원한 추천인의 글에 의지하려는 저를 보게 됩니다.

   이러한 근심과 걱정, 욕심이 자기 연민으로 채워지려는 마음
에 잠시 잊었던 다짐의 말씀을 다시 권면하여 주십니다.

"베드로가 이르되 은과 금은 내게 없거니와 내게 있는 이것을 네게 주노니 나사렛 예수 그리스도의 이름으로 걸으라하고" (사도행전 3:6)

제게 자랑할 만한 것이 있다면 그것을 자랑하고 높이려 할텐데, 저의 무명의 스펙이 바로 주님의 영광만을 높여 드릴 수 밖에 없는 좋은 여백의 약함임을 깨닫게 하십니다.

비어있고 없는 자리에 모든 그림의 지혜를 야긴의 기둥으로 지어 주셨고, 책으로 만들어 보아스의 기둥으로 세우신 분은 오직 주님이심을 고백할 것 말고는 제게 자랑할 것이 없는 좋은 환경이 허락되었음을 감사로 고백하게 하여 주십니다. 추천인의 글에 대한 욕심 된 마음에도 역시 출판계약 직전 드린 송구영신 예배 후 주신 2017년 새해의 말씀을 기억하게 하십니다.

하나님이 이르시되 그가 나를 사랑한즉 내가 그를 건지리라
그가 내 이름을 안즉 내가 그를 높이리라(시편 91:14)

세상의 그 어떤 유명세와 추천인의 글로도 비교할 수 없는 가장 귀하고 높은 분의 말씀이 이미 저에게 주어져 있다는 것을 잊고, 저의 가치와 수준으로 다른 것을 찾고 있었음을 회개하게 하십니다.

처음부터 끝까지 저는 주장할 것이 아무것도 없으며 오직 모든 것을 허락하시고 이루신 것은 주님의 은혜임을 고백할 수 밖에 없습니다.

주님은 완전하시고 실수가 없으신 분이시나, 부족하고 미흡한 모든 것은 저의 부족함에서 나온 것들임을 고백하며 보시는 분의 넓은 헤아림을 부탁드립니다.

끝으로 책이 되어 나오는 순간까지 인도하여 주시는 주님의 은혜에 감사드리며, 쉽지 않은 시기에 출판의 귀한 기회를 주신 가나북스 배수현 대표님께 감사드리고 아울러 저로 인해 누가 되지 않는 출판되길 기도드립니다.

　항상 저의 기도 제목을 위해 기도하여 주시는 이창훈 담임 목사님께 감사드리고, 저를 위해 언제나 주님께 새벽부터 종일 자식을 위해 기도하여 주시는 믿음의 엄마께, 그리고 기도로 늘 후원하여 주시는 사랑하는 저의 가족들 모두에게 감사드립니다.

　지금까지 저의 삶 속에 감성과 영감이 될 수 있도록 허락하신 어려움과 고난의 시간들, 그리고 즐겁고 슬펐던 모든 순간의 추억을 공유하는 사랑하는 벗들과 지인분들께 짧지만 마음을 다한 감사의 마음을 부족한 글로 전합니다.

　이 모든 것을 감사의 고백으로 채워주시는 주님의 한량없는 은혜에 감사드립니다.

감사의 날, 감사의 시간 속에서 김 우 석

CONTENTS

CONTENTS

CONTENTS

'로고스를 그리다'를 읽기 전
독자들에게 묵상의 은혜를 더욱 느낄 수 있도록
몇 가지 읽는 법을 추천합니다.

01

하루에 한편 씩 읽기를 권합니다.
주님이 주시는 말씀의 은혜를
천천히 음미하고 느끼는 시간이 되길 원합니다.

02

말씀과 묵상의 글을 읽고 그림을 보며
어느 정도의 시간을 갖고 묵상하면 더욱 좋습니다.

03

찬송이 담긴 그림은 직접 찬송을 들으며 함께 묵상하시면
더욱 더 은혜로운 시간이 될 것입니다.

04

묵상 음악을 들으며 함께 읽으면 더 깊은 은혜의 시간이 됩니다.

05

묵상 후 마음에 주시는 느낌을 엽서에 답장으로 적어보세요.

하나님이 우리를 사랑하시는 사랑을
우리가 알고 믿었노니
하나님은 사랑이시라
사랑 안에 거하는 자는
하나님 안에 거하고
하나님도 그의 안에 거하시느니라

(요한 1서 4:16)

하나님의
사랑

loveletter from J †

Dear friend

3 John 1:2

사랑하는 자여 dear friend

사랑하는 자여 네 영혼이 잘됨 같이
네가 범사에 잘되고 강건하기를 내가 간구하노라
(요한3서 1:2)

예수 그리스도는 여호와 하나님의 저희를 향한
긍휼하신 사랑의 마음을 전하는 사랑의 편지입니다.

여호와 하나님의 사랑이 예수 그리스도의 십자가 사랑으로
저희에게 수신되었습니다.

주님의 사랑을 값없이 받기만 하고 그 구원의 사랑에
저의 삶이 믿음으로 응답하고 있는지 생각해봅니다.

아직 온전한 답장을 드리지 못한 부족한 마음을 회개하며
언제나 항상 저의 응답을 기다리고 계시는 주님께
예수 그리스도의 이름으로 응답드리길 소망합니다.

그리고 주님의 사랑을 알아 그 귀한 사랑의 마음을 담은
사랑의 편지를 주변에 전하는
크리스찬의 삶이 되길 소망합니다.
아멘

사랑의 배달부 messenger

너희는 우리로 말미암아 나타난 그리스도의 편지니
이는 먹으로 쓴 것이 아니요
오직 살아 계신 하나님의 영으로 쓴 것이며
또 돌판에 쓴 것이 아니요
오직 육의 마음판에 쓴 것이라(고린도후서 3:3)

하나님과 예수 그리스도의 사랑을
성령으로 전하는 사랑의 배달부

주님이 보내신 사랑의 편지로 깨닫게 되고,
주님의 사랑을 시인한 믿음의 삶에는
저를 통해 주님의 사랑을 전하시려는 주님의 마음이 담겨 있습니다.

주님께 받은 값없는 귀하고 귀한 사랑,
저에게 멈춰 저에게만 있게 마시고
예수 그리스도의 이름으로 널리 전하고 나눠지게 하소서

주님이 보내신 사랑의 편지가 저의 믿음임을 고백하며,
주님의 사랑을 전하는 믿음의 사랑 배달부로
살게 인도하시는 주님을 찬양합니다.
아멘

Messenger

2 Corinthians 3:3

Love Sign

1 John 4:16

사랑해 love sign

선교 카페 '블레싱커피' 인테리어와 로고 디자인을 진행하며
블레싱(Blessing)의 의미를 스케치하며 작업하는중에
하나님의 축복은 물질과 현상의 채움을 넘어서는 것임을
마음 깊이 감동으로 알게 하십니다.

"나의 사랑으로 만든 그 사람이 바로 너야"
"네가 그 사랑이야" 하시며.

저희를 너무나 사랑하시는 하나님의 긍휼하신 사랑,
그 사랑을 느끼고 아는 깨달음은 무엇과도 비교할 수 없는
한량없는 은혜와 축복임을 알게 하시니 감사합니다.

하나님은 사랑이십니다.
하나님은 저희를 사랑하십니다.
하나님을 사랑하지 않을 수 없습니다.
하나님의 주신 사랑으로 사랑하며 살라고 하십니다.
하나님의 사랑을 전하겠습니다.

하나님이 우리를 사랑하시는 사랑을
우리가 알고 믿었노니
하나님은 사랑이시라
사랑 안에 거하는 자는 하나님 안에 거하고
하나님도 그의 안에 거하시느니라 (요한 1서 4:16)

오직 주의 사랑에 매여 unity

오직 주의 사랑에 매여졌기에
하나 되는 것을 깨닫게 하십니다.
매어주셔서 감사합니다.

평안의 매는 줄로 성령이 하나 되게 하신 것을 힘써 지키라
몸이 하나요 성령도 한 분이시니 이와 같이
너희가 부르심의 한 소망 안에서 부르심을 받았느니라
주도 한 분이시요 믿음도 하나요 세례도 하나요
하나님도 한 분이시니 곧 만유의 아버지시라
만유 위에 계시고 만유를 통일하시고 만유 가운데 계시도다
(에베소서 4:3~6)

오직 주에 사랑에 매여 내 영 기뻐 노래합니다.
이 소망의 언덕 기쁨의 땅에서 주께 사랑 드립니다.

오직 주의 임재 안에 갇혀 내 영 기뻐 찬양합니다.
이 소명의 언덕 거룩한 땅에서 주께 경배 드립니다.

주께서 주신 모든 은혜 나는 말할 수 없네
내 영혼 즐거이 주 따르렵니다 주께 내 삶 드립니다.
(오직 주의 사랑에 매여 / 고형원)

Unity

Ephesians 4:3

Care

psalms 17 : 8

주 날개 밑 내가 편안히 쉬네 care

주 날개 밑 내가 편안히 쉬네 / 밤 깊고 비바람 몰아쳐도
아버지께서 날 지켜주시니 / 거기서 평안히 쉬리로다
주 날개 밑 참된 기쁨이 있네 / 고달픈 세상길 가는 동안
거기서 숨어 돌보심을 받고 / 영원한 안식을 얻으리라
주 날개 밑 평안하다 / 그 사랑 끊을 자가 뉘뇨
주 날개 그늘 아래 쉬는 영혼 / 영원히 거기서 살리
주 날개 밑 평안하다 / 그 사랑 끊을 자가 뉘뇨
주 날개 그늘 아래 쉬는 영혼
거기서 내 영혼 평안히 쉬리로다
영원한 안식을 얻으리라 아멘
(찬송가 419장)

주 날개 밑이 가장 완벽한 보호하심입니다!

주께 피하는 자들을 그 일어나 치는 자들에게서
오른손으로 구원하시는 주여
주의 기이한 사랑을 나타내소서
나를 눈동자 같이 지키시고
주의 날개 그늘 아래에 감추사
내 앞에서 나를 압제하는 악인들과 나의 목숨을 노리는
원수들에게서 벗어나게 하소서
(시편 17:7~9)

아버지 father

아빠는 늘 함께하시고자 부르시고 붙들어 주시는데
늘 제가 주님을 배신하며 돌아서고 맙니다.
주여 또 용서를 구합니다.

이는 그들로 후대 곧 태어날 자손에게 이를 알게 하고 그들은 일어나 그들의
자손에게 일러서 그들로 그들의 소망을 하나님께 두며 하나님께서 행하신 일을
잊지 아니하고 오직 그의 계명을 지켜서 그들의 조상들 곧 완고하고 패역하여
그들의 마음이 정직하지 못하며 그 심령이 하나님께 충성하지 아니하는 세대와
같이 되지 아니하게 하려 하심이로다(중략)

그들은 계속해서 하나님께 범죄하여
메마른 땅에서 지존자를 배반하였도다

(시편 78:1~17)

주님여 내 손을 꼭잡고 가소서 약하고 피곤한 이 몸을
폭풍우 흑암 속 헤치사 빛으로 손잡고 날 인도하소서
인생이 힘들고 고난이 겹칠 때 주님여 날 도와주소서
외치는 이 소리 귀 기울이시사 손잡고 날 인도하소서
(주님여 이 손을 꼭 잡고 가소서 / 복음성가)

Father

psalms 78:17

covenant

Genesis 9:13

무지개 신호 covenant

하나님의 사랑
영원히 기억할 수 있는
무지개 신호로 약속하여 주셨습니다.
주님의 사랑을
삶에 가득하게 신호하여
주셔서 감사합니다.

내가 너희와 언약을 세우리니 다시는
모든 생물을 홍수로 멸하지 아니할 것이라
땅을 멸할 홍수가 다시 있지 아니하리라

하나님이 이르시되 내가 나와 너희와 및
너희와 함께 하는 모든 생물 사이에
대대로 영원히 세우는 언약의 증거는 이것이니라

내가 내 무지개를 구름 속에 두었나니
이것이 나와 세상 사이의 언약의 증거니라
(창세기 9:11~13)

아빠 아버지 abba

무릇 하나님의 영으로 인도함을 받는 사람은
곧 하나님의 아들이라 너희는 다시 무서워하는
종의 영을 받지 아니하고 양자의 영을 받았으므로
우리가 아빠 아버지라고 부르짖느니라(로마서 8:14~15)

영접하는 자 곧 그 이름을 믿는 자들에게는
하나님의 자녀가 되는 권세를 주셨으니(요한복음 1:12)

하나님이 너무 좋은 아빠라는 것을 믿게 해주는 것.
이것이 바로 성령님이 우리에게 오셔서 해주고 싶어 하시는 일입니다.
이것은 우리의 인생을 바꿔놓는 엄청난 권세입니다.
(나는 죽고 예수로 사는 복음 / 유기성 목사님 저 중)

믿음은 주님을 영혼의 아버지로 영접하여
그분이 저를 자녀 삼아 주심을 깨닫고 믿으며
감사함으로 여호와 아버지께 향하는 태도입니다.

어떤 아버지이신지를 아는 것, 어떤 모습으로 아버지께 향하고
있느냐에서 드러납니다. 아버지의 사랑으로 부르심을 입은 자녀,
아버지를 사랑하는 자녀이며 모든 것이 아버지의 사랑 안에 주관
되어 합력하여 선을 이루게 하심을 깨닫게 하시니 감사합니다.
아멘

abba

Romans 8:15

Potter

Isaiah 64:8

토기장이 potter

LA 옹기장이교회 개척을 앞두고 목사님의 지인으로부터 로고
작업 의뢰를 받고 작업 중에 제게 먼저 너무나 큰 은혜의 깨달음을
허락하여 주십니다.

그러나 여호와여, 이제 주는 우리 아버지시니이다
우리는 진흙이요 주는 토기장이시니
우리는 다 주의 손으로 지으신 것이니이다
(이사야 64:8)

사랑이신 하나님께서 사랑으로 빚으시고
사랑의 생기를 불어넣어 생명을 만드셨습니다.

여호와 하나님이 땅의 흙으로 사람을 지으시고
생기를 그 코에 불어넣으시니 사람이 생령이 되니라
(창세기 2:7)

사랑으로 빚어낸 사랑의 결정체를 보고 심히 기뻐하셨습니다.
너무나 사랑이 많으신 사랑의 주님께서 빚은 사람,
주님의 지극히 크신 사랑으로 빚어진 사람이
저와 여러분 모두이며
사랑으로 빚어져 사랑의 호흡을 받은 저희가
바로 사랑입니다.

사랑으로 저의 마음에 깨닫게 하시는 주님의 마음이
'너는 내 사랑하는 아들이야', '내가 너를 사랑하노라'의 차원을 넘어서
'바로 네가 나의 사랑이야' 라고 알려주십니다.

어찌 이와 같은 사랑을 제가 받을 수 있을까요.
어찌 이리도 저를 사랑하시는 분을 제가 도망칠 수 있을까요.
주님의 사랑에 저는 기쁘게 투항의 손을 듭니다.
저의 모든 것이 아버지의 사랑 앞에 무장해제되고
포기할 수밖에 없는 기쁨의 포기를 허락하십니다.

그분의 사랑이 저와 저희, 바로 사람입니다.
그분의 이야기가 천지를 지으시고 지극히 사랑하시는 백성을 향한
저와 우리 모두를 향한 사랑의 이야기입니다.
그 사람의 사랑이 그 사랑입니다.
바로 이 사랑입니다.

하나님의 사랑은 온전히 자신이 빚으신 사랑하는 백성들에 관한
이야기로 성경안에 가득 채워져 있습니다.

그분의 사랑을 알아가다 보면 그 사랑의 처음과 끝은 바로 저와
저희들에게 집중되어 있고 지금도 역시 주님의 초점과 관심은
오직 저희를 사랑하사 사랑으로 되돌아오게 하시려는 주의 손을
어서 붙잡길 바라며 내어주시는 역사하심의 이야기입니다.

여호와의 말씀이니라
이스라엘 족속아 이 토기장이가 하는 것 같이
내가 능히 너희에게 행하지 못하겠느냐
이스라엘 족속아 진흙이 토기장이의 손에 있음 같이
너희가 내 손에 있느니라
(예레미야 18:6)

이 말씀과 같이 우리 모두의 믿음의 삶에서
고백되길 소망합니다.

다 표현 못해도 나 표현하리라
다 고백 못해도 나 고백하리라
다 알 수 없어도 나 알아가리라
다 닮지 못해도 나 닮아 가리라

그 사랑 얼마나 아름다운지
그 사랑 얼마나 날 부요케하는지
그 사랑 얼마나 크고 놀라운지를
그 사랑 얼마나 나를 감격하게 하는지
(그 사랑 얼마나 ccm)

그의 마음이 주 앞에서 충성됨을 보시고
그와 더불어 언약을 세우사 가나안 족속과
헷 족속과 아모리 족속과 브리스 족속과
여부스 족속과 기르가스 족속의 땅을
그의 씨에게 주리라 하시더니
그 말씀대로 이루셨사오매
주는 의로우심이로소이다

(느헤미야 9:8)

믿음
하나

충성 충(忠) faithful

그의 마음이 주 앞에서 충성됨을 보시고
그와 더불어 언약을 세우사 가나안 족속과 헷 족속과
아모리 족속과 브리스 족속과 여부스 족속과
기르가스 족속의 땅을 그의 씨에게 주리라 하시더니
그 말씀대로 이루셨사오매 주는 의로우심이로소이다
(느헤미야 9:8)

믿음의 중심(中心)이 십자가를 향한 충(忠)입니다.
믿음의 중심(中心)이 십자가에 있고, 십자가를 향한 믿음의 모습과
모양인 태도(attitude)는 충성입니다.
충성의 영어 단어가 'faith'와 'ful'이 합성되어 있군요
아~ '마음에 믿음이 가득 찬', '믿음으로 가득 찬'의 뜻입니다.
어떻게 세상 것, 나의 것과 주장으로 가득 채워져 있던
저의 마음에 믿음이란 것이 채워질 수 있었을까요

그것은 예수 그리스도께서 마음의 중심에 믿음의 대상과 순종의
대상이 여호와 아버지이시며 그분의 뜻이기에 그 뜻에 충성하여
순종하신 것임을 깨닫습니다.

그 마음의 순종, 바로 예수 그리스도의 전심을 다한 순종이 대속의
십자가이며, 대속으로 저희 죄를 감당 하사 구원받음을 믿는
믿음의 마음 중심 한가운데에 예수님의 십자가가
세워지지 않을 수 없음을 고백합니다.

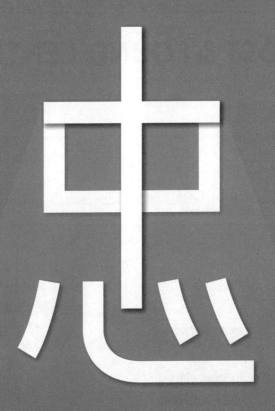

faithful

Nehemiah 9:8

믿음의 유실물 lost & found center

그러나 너를 책망할 것이 있나니
너의 처음 사랑을 버렸느니라
그러므로 어디서 떨어졌는지를 생각하고 회개하여
처음 행위를 가지라 만일 그리하지 아니하고
회개하지 아니하면
내가 네게 가서 네 촛대를 그 자리에서 옮기리라
(요한계시록 2:4~5)

잊어버리고 잃어버린 것을 찾아서.

믿음을, 말씀을, 십자가를 혹시 잃어버리셨나요, 잊지 않으셨나요?
그냥 모른 척 슬그머니 흘리고 오지는 않으셨나요?

믿음의 유실물,
나와 우리의 믿음을 어디에 두고 오지는 않으셨나요?
이 모든 것이 저에게서 나온 것이 아닌
주님이 주신 귀한 선물들입니다.

참된 진리의 진품은 놓친 채 잃어버리고
자신이 만든 자기 의라는 믿음의 형식으로만 채워진
빈 가방만 들고 있지는 않은지
하나님이 주신 믿음의 선물들, 잃어버리지 말고
잠에서 깨어 정신차려 꼭 붙들고 챙겼으면 합니다.

불결실(不結實) unifruitful

이에 비유로 말씀하시되
한 사람이 포도원에 무화과나무를 심은 것이 있더니
와서 그 열매를 구하였으나 얻지 못한지라
포도원지기에게 이르되 내가 삼 년을 와서
이 무화과나무에서 열매를 구하되 얻지 못하니 찍어버리라
어찌 땅만 버리게 하겠느냐

(누가복음 13:6~7)

이른 아침에 성으로 들어오실 때에 시장하신지라
길 가에서 한 무화과나무를 보시고 그리고 가사
잎사귀 밖에 아무것도 찾지 못하시고 나무에게 이르시되
이제부터 영원토록 네가 열매를 맺지 못하리라 하시니
무화과나무가 곧 마른지라

(마태복음 21:18~19)

능력 주신 주님 앞에서 잎만 무성한
외식의 모습과 모양만 있는
열매 없는 믿음의 삶으로
대답하지 않게 도와주소서!

unfruitful   Luke 13:6

My Precious

Matthew 6:19~21

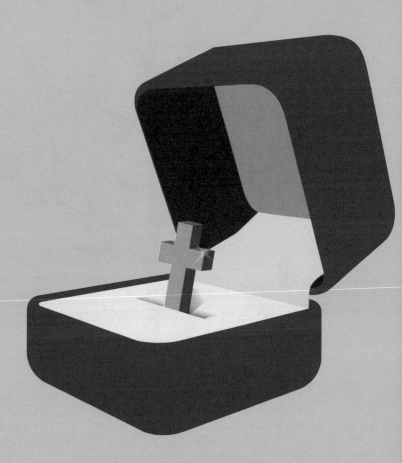

나의 보물 my precious

너희를 위하여 보물을 땅에 쌓아 두지 말라
거기는 좀과 동록이 해하며
도둑이 구멍을 뚫고 도둑질하느니라
오직 너희를 위하여 보물을 하늘에 쌓아 두라
거기는 좀이나 동록이 해하지 못하여
도둑이 구멍을 뚫지도 못하고 도둑질도 못하느니라
네 보물 있는 그 곳에는 네 마음도 있느니라
(마태복음 6:19~21)

나의 소중한 보물 예수 그리스도
2015년 새해를 시작하며
제게 주신 말씀입니다.

여러분의 보물은 어디에 있나요.

마음이 말하다 my mind

성숙한 믿음과 신앙은 입술로 말해서 되는 것이 아닙니다.
입술의 말이 달라지고 변화되는 성화(聖化)
성령의 주장으로 말하여지는 대화인 성화(聖話)가
가득한 성구(聖口) 되길 소망합니다.

선한 사람은 마음에 쌓은 선에서 선을 내고
악한 자는 그 쌓은 악에서 악을 내나니
이는 마음에 가득한 것을
입으로 말함이니라(누가복음 6:45)

my mind

Luke 6:45

Revelation 3:20

마음 문 열고 opens the door

문을 열고 마음에 예수님을 모시고 사는가?
문 앞에서 계속 계시게 하고 있는가?
철통같은 자아의 문을 열어
주님 만나길 소망합니다.

볼지어다
내가 문 밖에 서서 두드리노니
누구든지 내 음성을 듣고 문을 열면
내가 그에게로 들어가 그와 더불어 먹고
그는 나와 더불어 먹으리라

(요한계시록 3:20)

믿음은 십자가로 쓰세요 jesus

너는 마음을 다하고
뜻을 다하고 힘을 다하여
네 하나님 여호와를 사랑하라

오늘 내가 네게 명하는 이 말씀을 너는 마음에 새기고
네 자녀에게 부지런히 가르치며 집에 앉았을 때에든지
길을 갈 때에든지 누워 있을 때에든지 일어날 때에든지
이 말씀을 강론할 것이며
너는 또 그것을 네 손목에 매어 기호를 삼으며
네 미간에 붙여 표로 삼고
또 네 집 문설주와 바깥 문에 기록할지니라
(신명기 6:5~9)

어떤 믿음으로 기록하고 있는가!
어떤 믿음으로 기록되어질 것인가!

믿음의 양다리는
이제 그만 only one

당연한 선택 앞에
늘 고민합니다.

그러나
뛰어넘어야 할 선입니다.
넘지 말아야 할 선입니다.

주님으로 향한
믿음의 선 안으로
결단하며
거하게 하소서

주님이 계신 자리의
표시된 선으로
이제 완전히 이주하여
주님 나라의 백성으로,
그리고 아들로 예배자로,
온전한 한마음으로,
믿게 하소서

only One
matthew 6:2

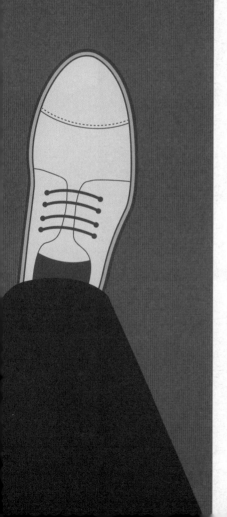

한 사람이
두 주인을 섬기지
못할 것이니

혹 이를 미워하고
저를 사랑하거나
혹 이를
중히 여기고
저를 경히
여김이라

너희가
하나님과 재물을
겸하여 섬기지
못하느니라

(마태복음 6:24)

PASSPORT

HEAVEN
CITIZENSHIP
Philippians 3:20

천국 시민권 heaven citizenship

오직 바라보고 나아가는 참 소망은
하늘의 소망입니다.

천국 백성 !
여호와 하나님을 알고 예수그리스도를 통하여 그분의 품에
나아가 거하여지는 영광된 백성의 권리.
그 영광에 비교할 수 없는 세상의 누림들.
그 무엇과도 바꿀 수 없는 천국 시민권을 선물로 품게 하신
주님의 은혜를 더욱 찬양합니다.

그러나 우리의 시민권은 하늘에 있는지라
거기로부터 구원하는 자
곧 주 예수 그리스도를 기다리노니
(빌립보서 3:20)

뿌리내림 root

좋은 땅에 뿌려졌다는 것은 말씀을 듣고 깨닫는 자니
결실하여 어떤 것은 백 배, 어떤 것은 육십 배, 어떤 것은
삼십 배가 되느니라 하시더라(마태복음 13:3~23)

뿌리내려져 있는 것이 중요합니다.
자라나 눈에 보이는 것이 전부가 아님을 깨닫게 하십니다.
그리스도의 장성한 분량으로 자라나져 드러나는 보임, 바로 보이지
않으나 가장 중요한 것이 무엇인지를 생각해보게 하십니다.

깨어지지 않을 듯한 저의 딱딱한 마음을 뚫고 깊이깊이 내려가 뿌리
내려주시는 주님의 말씀과 크신 은혜가 어찌 이리 감사하고 또 감사
한지요. 보이는 열매와 자람에 중심 맞춰진 믿음이 아닌, 보이지 않는
내면의 성숙과 성장의 믿음을 허락하시고 자라게 하여주시는
주님의 은혜를 찬양합니다.

덩치만 크고 뿌리가 깊지 못한 나무는 작은 흔들림에도 버티지 못하고
쉽게 쓰러져 뽑혀버리고 맙니다. 뿌리 깊은 나무의 믿음 아래로 깊이
내려가 생수의 주님께 연결되는 믿음으로의 성장과 성숙, 맑은 생수가
흐르는 우물은 그 깊이의 차이로 인해 물맛과 필요한 분량을 감당할
수 있습니다. 믿음의 질과 양이 충만한 깊이까지 뿌리내리는 자람과 성장
으로 매 순간 주님께로 뿌리내려지게 하시는 기회 주셔서 감사합니다.

역설! 보이는 것이 아닌 은밀한 본질이 핵심입니다.

Root

Matthew 13:23

1 Samuel **17**:4

THE BOY FAITH

믿음으로 달려가다 *the boy faith*

너는 칼과 창과 단창으로
내게 나아 오거니와
나는 만군의 여호와의 이름
곧 네가 모욕하는 이스라엘 군대의
하나님의 이름으로 네게 나아가노라

(사무엘상 17:45)

성경 안에 나오는 많은 인물들 중에
참 닮고 싶고, 매력적인 믿음의 인물이 있습니다.
수 많은 난관과 어려운 역경의 과정.
양치기 소년에서 왕이 되기까지의 파란만장한
여호와 하나님과 동행의 기록이 가득한 사람.

여호와로 인해 왕이 된 사실보다 양치는 소년 시절 양을 치며,
오직 여호와 만군의 하나님을 향한 믿음 하나만으로
주님의 마음에 합한 삶을 살며
주님의 이름으로 담대히 믿음으로 달려가는 믿음의 소년

저도 오늘 앞에 보이는 세상의 거친 것들 보다,
더 높으신 주님을 신뢰하며
담대히 달려가는 소년의 믿음으로 살아내길 소망합니다.

사랑하는 자들아
주께는 하루가 천 년 같고
천 년이 하루 같다는
이 한 가지를 잊지 말라
주의 약속은 어떤 이들이 더디다고
생각하는 것 같이 더딘 것이 아니라
오직 주께서는 너희를 대하여
오래 참으사 아무도 멸망하지 아니하고
다 회개하기에 이르기를 원하시느니라

(베드로후서 3:8,9)

PART
03

믿음 둘

03:08 2 Peter

Friday
1 Jan 2016

Kairos

카이로스 kairos

사랑하는 자들아
주께는 하루가 천 년 같고
천 년이 하루 같다는 이 한 가지를 잊지 말라
주의 약속은 어떤 이들이 더디다고
생각하는 것 같이 더딘 것이 아니라
오직 주께서는 너희를 대하여
오래 참으사 아무도 멸망하지 아니하고
다 회개하기에 이르기를 원하시느니라
(베드로후서 3:8,9)

새해의 선물로 주님이 주시는
믿음의 카이로스 스마트워치를 나눠 드립니다.

카이로스의 때는 하늘의 소망입니다.
천국의 삶을 믿음으로 현재에 살아내며
시간과 공간의 세상적 개념과 가치를 넘어선
영적인 의미의 시간입니다.

주님과의 동행이 허락된 카이로스의 시간을 사는
새해에 주시는 담대한 말씀
감사합니다.

믿음의 온도 love

그 무엇보다 따뜻하게 한기를 녹여주는 것이
인체의 온도라 합니다.

십자가를 믿고 따르며 십자가를 품은 구원받은 자의
심장을 가지고 사는 저의 믿음의 온도는 몇 도인지
가슴에 손을 대어봅니다.

온전히 주님이 사랑하여 주시는 뜨거움 만큼
간직하고 있는지 또 한번 엎드려
주님의 사랑에 손을 대어
저의 온전히 뜨겁지 못한 믿음의 온도를
되살려 올려봅니다.

아버지께서 나를 사랑하신 것 같이
나도 너희를 사랑하였으니
나의 사랑 안에 거하라

(요한복음 15:9)

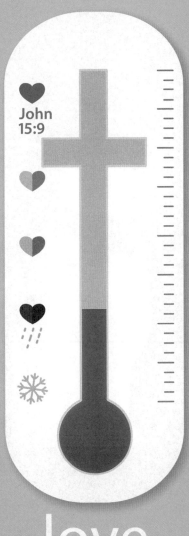

John
15:9

love

imitation

2 peter 2:1

이미테이션 imitation

그러나 백성 가운데 또한 거짓 선지자들이 일어났었나니
이와 같이 너희 중에도 거짓 선생들이 있으리라

그들은 멸망하게 할 이단을 가만히 끌어들여
자기들을 사신 주를 부인하고
임박한 멸망을 스스로 취하는 자들이라
(베드로후서 2:1)

가짜인데 너무 진짜 같은 것이 많습니다.
잠시 잠깐 마음을 놓을라치면
어느새 가지고 있던 진짜도 가짜로 바꿔치기
당한 것도 모른채 속임에 빠집니다.

시대에 맞춰 아름답고 즐겁고 편한 믿음은
믿음 안의 삶에서 경계해야만 합니다.

가짜가 판을 치고
가짜가 진짜보다 더 진짜처럼 열심이며,
더 열정적인 시대

가짜를 구별할 수 있는
주님의 능력으로 충만한
믿음의 진짜 전문가가 됩시다.

진격의 믿음으로 mahanaim

여호와 하나님께서 주신 믿음은 보호받고 지키기만 하며
근근이 방어만 하는 약한 믿음이 아닙니다.
흑암의 세력에게 이미 승리한 믿음 앞에 진격하여 쳐내고
진멸하는 것은 당연한 믿음의 힘이며 능력입니다.

믿음으로 진격하여 진멸하는 것.
믿음으로 나아가는 지금이 바로 그 때입니다.
여호와의 군대인 마하나임은
수성이 아닌 진격의 믿음으로 승리합니다.

너는 칼과 단창으로 내게 나아 오거니와 나는 만군의
여호와의 이름 곧 네가 모욕하는 이스라엘 군대의
하나님의 이름으로 네게 나아가노라

오늘 여호와께서 너를 내 손에 넘기시리니 내가 너를 쳐서
네 목을 베고 블레셋 군대의 시체를 오늘 공중의 새와 땅의
들짐승들에게 주어 온 땅으로 이스라엘 하나님이 계신 줄
알게 하겠고 또 여호와의 구원하심이 칼과 창에 있지 아니함을
이 무리에게 알게 하리라 전쟁은 여호와께 속한 것인즉
그가 너희를 우리 손에 넘기시리라

(사무엘상 17: 45~47)

Mahanaim

1 Samuel 17:47

CREDO

PSALMS 86 : 12

전심으로 credo

여호와여 주의 도를 내게 가르치소서 내가 주의 진리에
행하오리니 일심으로 주의 이름을 경외하게 하소서

주 나의 하나님이여 내가 전심으로 주를 찬송하고
영원토록 주의 이름에 영광을 돌리오리니
이는 내게 향하신 주의 인자하심이 크사
내 영혼을 깊은 스올에서 건지셨음이니이다(시편 86:11~13)

사도들의 신앙고백인 사도신경의 라틴어 표현 중에
"전능하사 천지를 만드신 하나님 아버지를 내가 믿사오며"가
'credo in DEUM PATREM omnipotentem:'
(끄레도 인 데움 빠뜨렘 옴니뽀뗀뗌)으로 되어 있습니다.
'credo'라는 동사에 'cre'는 심장, 'do'는 드린다는 뜻입니다.

심장을 드리는 것, 믿음의 대상이 저의 생명보다 귀하기 때문에
저의 생명을 드리는 것입니다.
생명을 드린다는 것, 말로만 하기도 어렵습니다.
그러나 저와 저희를 사랑하시는 그 마음을 알면 생명 즉 마음을
드리는 것조차 부족하다는 것을 알게 하시네요.
일단 오늘의 말씀을 따라 고백하렵니다.

전심으로 저를 사랑하여주신 사랑에
저 또한 전심으로 마음을 드리는 것은 당연합니다. 아멘

그리 만들었다한들 replect

동성애 상징으로 사용되는 여섯 빛깔 무지개와 애플의 선악과를
상징하는 사과의 한 입 베어먹은 모양에 여섯 가지 색깔, 최초의
애플컴퓨터 가격인 666.66 달러, 애플의 아이폰, 아이패드,
눈속임 하려고 하지만 아이폰의 아이는 eye와 발음이 같고 이것은
눈 즉 호루스의 전시안을 상징합니다. (여기까지 퍼 온 글입니다)

사람의 마음에는 많은 계획이 있어도
오직 여호와의 뜻만이 완전히 서리라
(잠언 19:21)

아무리 부정적인 이미지의 상징과 가치를 담아 만들었다한들
주님이 말씀하신 선악과의 의미를 영성으로 깨달아
부정적인 것도 주님을 향한 온전한 회개와 온전함을 비추는
거울로 해석하여 보게 하시는 주님의 능력을 신뢰합니다.

오히려 대적하려 계획한 그림일지라도
그것이 주님께 더욱 온전하게 서있게 되는
표징으로 사용되게 하시는 능력이
비로 전능자 창조주, 만왕의 왕 되시는
여호와 하나님의 능력이심을 믿습니다.

Replect

Proverbs 19:21

diffuser

1 Corinthians 2:15

그리스도의 향기 diffuser

항상 우리를 그리스도 안에서 이기게 하시고 우리로 말미암아 각처에서
그리스도를 아는 냄새를 나타내시는 하나님께 감사하노라
우리는 구원 받는 자들에게나 망하는 자들에게나 하나님 앞에서
그리스도의 향기니 이 사람에게는 사망으로부터 사망에 이르는 냄새요
저 사람에게는 생명으로부터 생명에 이르는 냄새라
누가 이 일을 감당하리요 (고린도후서 2:14~16)

주변을 향기롭게 하는 방향제로 쓰이는 디퓨저(diffuser)는 본래
체취를 향기롭게 하기 위해 쓰이던 향수에서 발전했고, 5천 년 전
인간이 신의 제단에 올라갈 때 신체를 청결히 하고 향나무 잎으로
즙을 내어 몸에 바르는 것에서 시작했다고 합니다.

저에게 오늘 어떤 향기가 맡아질까 생각해봅니다.

인간적인 향기, 세상적인 향기, 바로 인위적인 꾸며짐의 향기만은
아닌지, 예수 그리스도를 믿게 된 자로 주신 믿음으로 사는
그리스도의 향기가 나는지, 그리고 오늘 제게 품어질 향기가
주변에 어떻게 품어지고 있는지, 저도 모르는 악취는 아닌지
두려움으로 감찰하여 보게 하십니다.

사랑하는 주님,
그리스도의 귀한 향기가 베여진 믿음의 삶으로
주님의 향기를 품는 삶으로 살게 하소서.
아멘

미끼 temptation

그들이 놀라고 무서워하여 그 보는 것을 영으로 생각하는지라

(누가복음 24:37)

영화 〈곡성〉을 보고 난 뒤 꼭 그려서 전하고
선포하고 싶었습니다.
주님은 긍휼과 사랑의 마음으로 은혜의 그물을 던져
영혼의 생명을 건져주시는 분이심을 선포합니다.

사단은 보암직도 먹음직도 하며, 하지 않으면 잡지 않으면
안 될 것 같은 유혹을 미끼로 하나님이 사랑하시는 믿음의
백성들 마저도 사망의 길로 낚아 올리려 열심을 내고
있습니다.

이러한 허상의 미끼에 사망으로 낚일 것이 아니라,
주님의 말씀을 먹고 기도로 영혼의 눈을 크게 뜨게 하사
성령의 능력을 주셨습니다.

생명을 낚아올리는 전능자의 은혜의 그물을 함께 붙잡고,
생명을 낚는 주님의 마음으로 살도록 인도하시는 주님을
찬양합니다. 아멘

temptation

Luke 24:37

4	**2**	**B**	
6	**2**	**단**	

0.1

0.2

1	**9**	**금**	🍎
6	**8**	**육**	💵
4	**5**	**식**	🥖
7	**9**	**탐**	🍷

0.4

0.6

0.8

1.0

1	0	0	4	기	📖
0	6	9	1	도	†

1.5

2.0

darkness

1 Samuel 3:1

말씀이 희귀하여 darkness

아이 사무엘이 엘리 앞에서
여호와를 섬길 때에는
여호와의 말씀이 희귀하여
이상이 흔히 보이지 않았더라
(사무엘상 3:1)

시대가 왜이리 어둡기만한지 생각을 해봅니다.
그러나 어둠은 빛을 이길 수 없죠^^

짙은 어두운 밤에 하늘의 별이 더욱 반짝이듯 흑암의 세력이
아무리 극성을 부려도 전능하신 주님의 빛은 광명하게 비치고,
그 빛으로 비추사 보일 것은 보이지 않아도 보이게 하실 것이고
보여도 온전치 못한것은 다 진멸하여 멸하실 것을 신뢰합니다.

지금 바로 주님의 말씀이 흥왕하는 믿음의 세대요,
믿음의 시대로 역사하고 계심을 신뢰합니다.
아멘

지금 마음에 무엇이 보이고
무엇을 가장 우선하며 보고 있습니까?

추수천사 angel

가라지를 뿌린 원수는 마귀요 추수 때는 세상 끝이요
추수꾼은 천사들이니 그런즉 가라지를 거두어
불에 사르는 것 같이 세상 끝에도 그러하리라
(마태복음 13:39,40)

천사를 보내셔서 주님의 밭을 수확하십니다.
뽑아 거둘 것과 불에 던져 버릴 것을 때에 따라 구별하시는 주님
그 구별의 일을 대행하는 주님의 추수꾼, 이단이 보내는 추수꾼이
가라지를 뽑아가는 천사인 것을 알고 있는 것일까요^^

자기들도 모르는 주님의 천사임을 그래서 어쩌면 미혹되어 떠나는
자들이 가라지로 뽑혀 불살라 지는 그 곳으로 던져지는 것이
아닌지 생각해봅니다.

반드시 가라지는 추수할 때, 주님이 보내신 추수꾼 천사에게
뽑혀서 풀부불에 던져진다는 겁니다. 주님의 곳간행이냐 아니면
풀부불행 중 저의 믿음의 자리는 어디인지에 대한 경계와 깨어
있음이 더욱 필요하고 각성할 때임을 깨닫게 하십니다.

추수꾼은 주님이 추수할 것을 거두고 가려내시기 위한
천사들입니다. 추수꾼을 보내시고 세우시는 주님 감사합니다.
아멘

Angel

Matthew 13:39

the rock

Matthew 7:24

믿음의 반석 *the rock*

그러므로 누구든지 이 말을 듣고 행하는 자는 그 집을 반석
위에 지은 지혜로운 사람 같으리니 비가 내리고 창수가 나고
바람이 불어 그 집에 부딪치되 무너지지 아니하나니
이는 주추를 반석 위에 놓은 까닭이요

나의 이 말을 듣고 행하지 아니하는 자는 그 집을 모래 위에
지은 어리석은 사람 같으리니 비가 내리고 창수가 나고
바람이 불어 그 집에 부딪치매 무너져 그 무너짐이 심하니라
예수께서 이 말씀을 마치시매 무리들이 그의 가르치심에
놀라니 이는 그 가르치시는 것이 권위 있는 자와 같고
그들의 서기관들과 같지 아니함 일러라

(마태복음 7:24~29)

여호와 하나님의 아들 예수 그리스도의 말씀 위에
순종의 집이 온전한 믿음의 집,
바로 반석 위에 세워주시는
주님으로 인한 믿음의 집임을 고백합니다.
아멘

코스프레 cosplay

거짓 선지자들을 삼가라
양의 옷을 입고 너희에게 나아오나
속에는 노략질하는 이리라
(마태복음 7:15)

주변에 양을 가장한 이리가
이리인줄 모르는 이리와 함께하고 있습니다.

진정성의 시대
화려한 코스프레로 치장한 가장행렬에
저 또한 구별없이 따라쟁이로
따라 믿음하는 건 아닌지 되돌아봅니다.

Cosplay

Matthew 7:15

여호와를
경외하는 것이
지혜의 근본이요
거룩하신 자를 아는 것이
명철이니라

(잠언 9:10)

십자가

근본 본(本) beginning

여호와를 경외하는 것이 지혜의 근본이요
거룩하신 자를 아는 것이 명철이니라
(잠언 9:10)

갑자기 근본 본(本)의 한자에
십자가가 두 개나 있다는 사실을 깨닫게 되었습니다.
믿음의 근본에 십자가가 빠질 수 없습니다.

9:10
Proverbs
Beginning

Talitha koum!

Mark 5:41

달리다굼

talitha koum

그 아이의 손을 잡고 이르시되
달리다굼 하시니 번역하면
곧 내가 네게 말하노니
일어나라 하심이라
(마가복음 5:41)

살아계시는 주를 믿는
믿음의 십자가 안에서
사망의 길에서도
다시 일어날 수 있음을 믿습니다!

완생(完生)의 믿음 perfect

우리가 다 하나님의 아들을 믿는 것과 아는 일에
하나가 되어 온전한 사람을 이루어
그리스도의 장성한 분량이 충만한 데까지 이르리니
(에베소서 4:13)

미생(未生)에서 완생(完生)의 믿음으로
이르는 길을 열어 주셨습니다.

예수 그리스도의 십자가로 다시 태어나는 부활은
주님이 만드신 완전한 상태로 돌아가는 것입니다.

원래 완생으로 만들어 주셨는데
우리가 무지하여 미생으로 산 것입니다.

완생으로 만드신 창조주의 원작으로 되돌아 가는 것,
미생에서 완생의 믿음에 이르도록
십자가의 문을 열어 두셨습니다.

완생으로 가길 힘쓰는 믿음의 삶이
오늘도 충만케 하소서

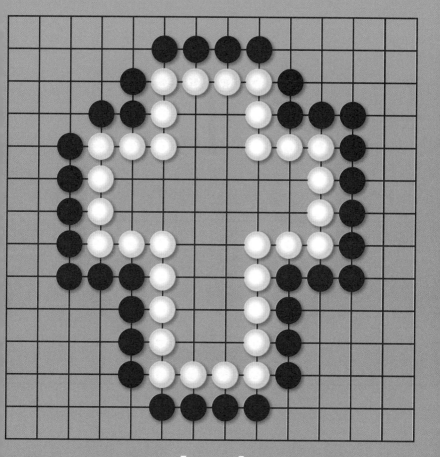

完生
EPHESIANS
4:13

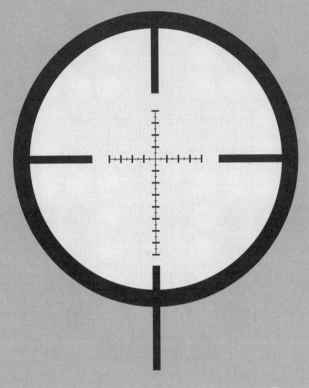

attention!
14:23,24
Matthew

주목 attention

무리를 보내신 후에 기도하러 따로 산에 올라가시니라
저물매 거기 혼자 계시더니 배가 이미 육지에서 수 리나
떠나서 바람이 거스르므로 물결로 말미암아
고난을 당하더라
(마태복음 14:23~24)

주목할 곳에 주목하고,
집중할 곳에 집중하는
오직 주님께 초점을 맞추고 집중하는 것!

잦은 바람과 미혹에도 금세 흔들리고마는
연약한 믿음을 고백합니다.

여러 가지 고난과 어려운 상황 속에서
변형되고 변명하며 쉽게 변하는
세상의 상황과 사람의 마음에 집중하지 않고
영원토록 변함없으신
전능하신 주님만 바라보며 집중할 수 있는
믿음 되게 하소서

꽃길을 가게하시네 glory

오히려 너희가 그리스도의 고난에
참여하는 것으로 즐거워하라
이는 그의 영광을 나타내실 때에
너희로 즐거워하고 기뻐하게 하려 함이라
(베드로전서 4:13)

감히 말로써는 표현하기 어려운
핍박과 조롱의 고난으로 그려지는 십자가의 길.

예수님의 피로 그려지는 이 길이
무섭고 두려운 길이 아닌
지극히 긍휼하신 사랑의 마음으로 수놓아진
값을 길 없는 감사와 영광의 길입니다.

그러니 십자가의 길은 사망을 넘어
새 생명으로 거듭나는 구원의 기쁜 소식과 영광스러운
천국 소망으로 향하는
꽃길로 열어주셨습니다.

2017년 새해
꽃길로 가게하시니 감사합니다. 주님^^

GLORY

1 Peter 4:13

the

John 14:6

way

주님만이 생명길임을 믿습니다

the way

예수께서 이르시되
내가 곧 길이요 진리요 생명이니
나로 말미암지 않고는
아버지께로 올 자가 없느니라
(요한복음 14:6)

예수님의 십자가를 말미암지 않고서는
구원의 하나님께로 나아갈 수 없습니다.

영생의 비상구
주님만이 길입니다.

선을 이루시는 온전한 길 good

앞이 보이지 않고 막막할 때도
길이 보이지 않고 길이 어디인지 몰라도

낙심의 마음이 아닌 선이신 주님 바라보며
선을 이루시는 주님만 신뢰하고 의지할 때

은혜로운 주님의 인도하심이
제게 임하여 지고 있음을 믿습니다.

Good

Romans 8:28

우리가 알거니와
하나님을 사랑하는 자
곧 그의 뜻대로
부르심을 입은 자들에게는
모든 것이 합력하여
선을 이루느니라

(로마서 8:28)

완전 _perfect_

하나님의 구원은 일점 일획도 어긋남 없이 완벽합니다.
그러나 오직 그것을 믿는 자에게만 완전한 복음이 됩니다.
(김용의 저 / 십자가의 완전한 복음 중)

주는 완전합니다.

그들과 같이 우리도 복음 전함을
받은 자이나 들은 바 그 말씀이
그들에게 유익하지 못한 것은
듣는 자가 믿음과 결부시키지
아니함이라

(히브리서 4:2)

Hebrews 4:2

a feeling of
distance
galatians 2:20

십자가 원근감 a feeling of distance

믿음의 거리감.
멀고 가까운 것을 느끼는 믿음의 원근감(遠近感)
교만하여 불순종이 커지고 교만하여 멀어집니다.

믿음의 겸손됨은 당연한 것이고
주님 앞에 겸손의 모양과 태도가
예수그리스도의 십자가와 저의 거리임을 깨닫습니다.

내가 그리스도와 함께 십자가에 못 박혔나니
그런즉 이제는 내가 사는 것이 아니요
오직 내 안에 그리스도께서 사시는 것이라

이제 내가 육체 가운데 사는 것은
나를 사랑하사 나를 위하여 자기 자신을 버리신
하나님의 아들을 믿는 믿음 안에서 사는 것이라
(갈라디아서 2:20)

주님이 답입니다 truth

답이신 여호와 하나님만을 신뢰합니다.
저의 아둔하고 미련한 풀이의 삶이 아닌,
능력 주시고 답이신 하나님의 진리를
오늘을 허락하신 믿음의 삶에 답하며 살게 하소서.

이는 땅의 모든 백성에게
여호와의 손이 강하신 것을 알게 하며
너희가 너희의 하나님 여호와를
항상 경외하게 하려 하심이라 하라
(여호수아 4:24)

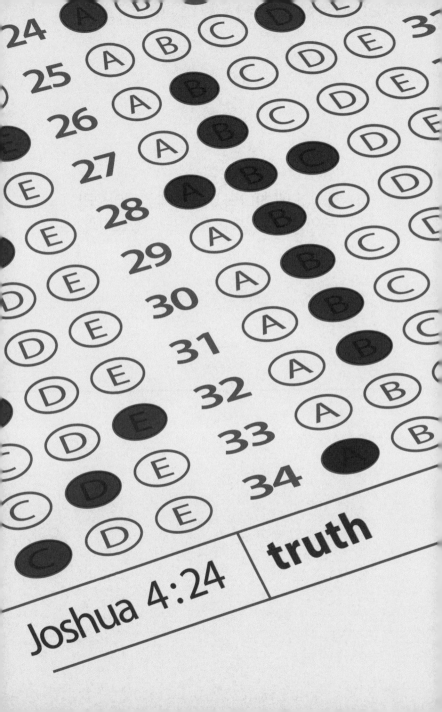

이스라엘아 네 하나님 여호와께로 돌아오라
네가 불의함으로 말미암아 엎드러졌느니라
(호세아 14:1)

복음

good news
hosea 14:1

회개는 기쁜 소식 good news! good sign!

이스라엘아 네 하나님 여호와께로 돌아오라
네가 불의함으로 말미암아 엎드러졌느니라
(호세아 14:1)

회개는 자기주장에서 하나님을 향하여
삶의 방향이 바뀌도록 방향을 되돌려주시는
주님의 은혜입니다.

회개는 기쁜 일이며
축하받아야 하는 축복입니다.
주님의 말씀 안에 여호와께로 돌아서는 기쁜 소식입니다.
주님 안에서 기쁜 회개의 소식을 전합시다.

주님의 선물 gift of god

오늘 다윗의 동네에 너희를 위하여
구주가 나셨으니 곧 그리스도 주시니라
너희가 가서 강보에 싸여 구유에 뉘어 있는
아기를 보리니 이것이 너희에게 표적이니라 하더니
홀연히 수많은 천군이 그 천사들과 함께
하나님을 찬송하여 이르되

지극히 높은 곳에서는 하나님께 영광이요
땅에서는 하나님이 기뻐하신 사람들 중에
평화로다 하니라
(누가복음 2:11~14)

아기 예수 나심이 선물입니다.
십자가는 선물입니다.

너무나 큰 기쁨의 소식이라 빨리 전하고 싶은 마음에
미리 메리 크리스마스 인사 올립니다^^
Merry christmas!

Gift
of God

Luke 2:11

Merry Christmas

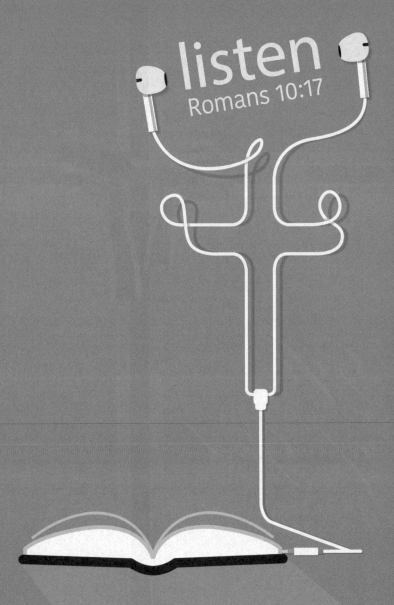

들으라

listen

말씀은 듣는 것입니다!
사랑하는 주님의 말씀을 잘 들어
믿음의 삶으로 응답하게 하소서!

믿음은 들음에서 나며 들음은
그리스도의 말씀으로 말미암았느니라

(로마서 10:17)

내 아들아 들으라 내 말을 받으라
그리하면 네 생명의 해가 길리라

(잠언 4:10)

하나님의 말씀은 살아 있고 활력이 있어
좌우에 날선 어떤 검보다도 예리하여 혼과 영과 및
관절과 골수를 찔러 쪼개기까지 하며
또 마음의 생각과 뜻을 판단하나니
지으신 것이 하나도 그 앞에 나타나지 않음이 없고
우리의 결산을 받으실 이의 눈 앞에
만물이 벌거벗은 것 같이 드러나느니라

(히브리서 4:12~13)

읊조리다 twitter

'지저귀다'란 뜻이군요
특정 앱을 홍보하고자 하는 것은 아닙니다.
사람들을 의식하지 않고,
종일 주만 생각하면 재잘거리는 삶이
그리 한심하고 바보 같지는 않을 것 같은 마음입니다.

종일 주님 사랑하며
그 사랑을 노래한 다윗 왕이
너무 부럽습니다.

내가 주의 법을 어찌 그리 사랑하는지요
내가 그것을 종일 작은 소리로 읊조리나이다
(시편 119:97)

twitter

psalms 119:97

Matthew 5:16
Light

하나님의 진리 등대 light

안개가 날 가리워 내 믿음 흔들리려 할 때
나 주님께 나아가네 주님은 산 같아서
여전히 그 자리에 계셔
눈을 들면 보이리라 날 위한 그 사랑
(주님은 산 같아서 / 2010 마커스)

주님의 빛이 아니면
무엇으로 앞을 보리오
주의 빛이 비춰져
제가 그리로 가니
저에게 빛이 비춰
저에게 빛이 있음을 고백합니다.

이같이 너희 빛이 사람 앞에 비치게 하여
그들로 너희 착한 행실을 보고 하늘에 계신
너희 아버지께 영광을 돌리게 하라

(마태복음 5:16)

영육구원 0691mhz

십자가 구원의 주파수 0691mhz
맞춰서 듣고 있습니까?

예수께서 이르시되
나는 부활이요 생명이니
나를 믿는 자는 죽어도 살겠고
무릇 살아서 나를 믿는 자는
영원히 죽지 아니하리니
이것을 네가 믿느냐

이르되 주여 그러하외다
주는 그리스도시요 세상에 오시는
하나님의 아들이신 줄 내가 믿나이다

(요한복음 11:25~27)

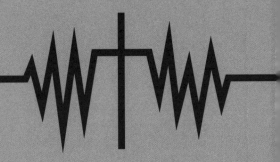

0.691MHz

John 11:25

빌기를 다하매 모인 곳이 진동하더니
무리가 다 성령이 충만하여
담대히 하나님의 말씀을 전하니라

(사도행전 4:31)

전신갑주(全身甲冑) full armor

묵상 일러스트를 기획하며 3년전 준비해 주셨던 첫 번째
묵상기획을 3년의 시간이 지난 지금 그리게 하신 이유가
분명히 있으리라 믿습니다.

주님이 믿어주시기에 그 믿음의 능력이
저에게 능력으로 부어져 있음을 잊지 않겠습니다.

믿음의 풀세팅으로 진격 앞으로!

마귀의 간계를 능히 대적하기 위하여 하나님의 전신 갑주를 입으라
우리의 씨름은 혈과 육을 상대하는 것이 아니요
통치자들과 권세들과 이 어둠의 세상 주관자들과 하늘에 있는
악의 영들을 상대함이라
그러므로 하나님의 전신 갑주를 취하라 이는 악한 날에
너희가 능히 대적하고 모든 일을 행한 후에 서기 위함이라

그런즉 서서 진리로 너희 허리 띠를 띠고 의의 호심경을 붙이고
평안의 복음이 준비한 것으로 신을 신고 모든 것 위에 믿음의
방패를 가지고 이로써 능히 악한 자의 모든 불화살을 소멸하고
구원의 투구와 성령의 검 곧 하나님의 말씀을 가지라

(에베소서 6:11~17)

helmet of
Salvation

sword of the
Spirit

breastplate of
Righteousness

shieLd of
Faith

belt of Truth

gospel of Peace

full armor
Ephesians 6:11

Acts 4:31

fullness of the Holy Spirit

성령충만 fullness of the holy spirit

빌기를 다하매 모인 곳이 진동하더니 무리가 다
성령이 충만하여 담대히 하나님의 말씀을 전하니라
(사도행전 4:31)

성령 충만한 사복음서 뒤에 사도행전이 순서하고 있는 이유는
예수 그리스도 부활의 사실을 온전히 알게 된 사도들이 부활주
예수그리스도께서 사망 권세를 이기고 다시 사심을 확증하는
사실을 온전하게 영혼 깊이 깨달아 믿게 되었기 때문입니다.

이에 성령 충만함을 받아 땅끝까지 예수 그리스도를 알리고
증거할 수 밖에 없는 성령으로의 감동과 강권하심으로 인한
행함이기에 사복음서 뒤에 깨닫고 알게 된 믿음의 행함을
기록하였음을 깨닫습니다.

성령 충만의 행함이기에 사도행전의 영어 표현이 Acts임을,
그리고 성경 말씀의 목차 순서 하나에도 주님의 은혜와 크신
경륜으로 큰 감동 주시는 주님을 송축합니다.

한번 믿고 끝나는 믿음이 아니고 한번 받은 성령의 은혜로 끝이
아닌, 매 순간 매 시분초마다 주님으로부터 성령님의 은혜를
공급받아 언제나 주님의 마음과 연합하여 사는 삶을 소망합니다.

깰지어다 awakening

자기의 소견대로 살며 죄된 삶을 반복하던
사사시대의 이야기.

사사기의 말씀을 묵상하며
우리 믿음의 삶이 언제나 주님께로 깨어있어
영적으로 숨이 끊어지지 않고
살아서 뛰는 믿음으로 살기를 소망합니다.

깰지어다 깰지어다 드보라여 깰지어다 깰지어다
너는 노래할지어다 일어날지어다
바락이여 아비노암의 아들이여
네가 사로잡은 자를 끌고 갈지어다

(사사기 5:12)

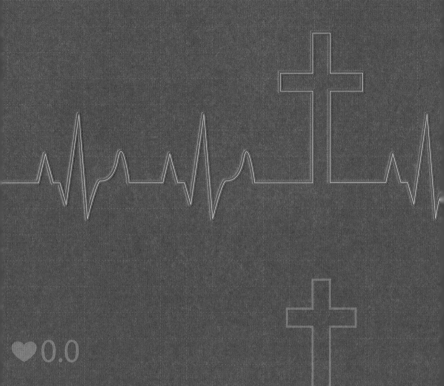

Awakening!

Judges 5:12

connection

Colossians

2019

영적 연결

connection

그는 몸인 교회의 머리시라
그가 근본이시요 죽은 자들 가운데서 먼저 나신 이시니
이는 친히 만물의 으뜸이 되려 하심이요

(골로새서 1:18)

머리를 붙들지 아니하는지라
온 몸이 머리로 말미암아 마디와 힘줄로
공급함을 받고 연합하여
하나님이 자라게 하시므로 자라느니라

(골로새서 2:19)

다른 이로써는 구원을 받을 수 없나니 천하 사람 중에
구원을 받을 만한 다른 이름을 우리에게
주신 일이 없음이라 하였더라

(사도행전 4:12)

근본이자 진리이신 예수 그리스도 외에
다른 소망이 어디에 있겠습니까
오직 예수 그리스도에게만 소망이 있습니다.
주님께 연결되어 있는 것이 생명이며
은혜 충만입니다.

독수리 날다 fly high

오직 여호와를 앙망하는 자는 새 힘을 얻으리니
독수리가 날개치며 올라감 같을 것이요
달음박질하여도 곤비하지 아니하겠고
걸어가도 피곤하지 아니하리로다
(이사야 40:31)

성령으로 날다.
주님이 주신 믿음으로 주님을 믿는 믿음은
지키고 방어만 하는 것을 넘어서
전능하신 주님의 능력을 힘입어 세상을 넘어
성령의 바람을 타고 더 높이 진격하는
능력이 있습니다.

Spirituality

James 1:19

성난 양 spirituality

여호와께서 가인에게 이르시되 네가 분하여 함은
어찌 됨이며 안색이 변함은 어찌 됨이냐 네가 선을 행하면
어찌 낯을 들지 못하겠느냐 선을 행하지 아니하면 죄가 문에
엎드려 있느니라 죄가 너를 원하나 너는 죄를 다스릴지니라
(창세기 4:6,7)

내 사랑하는 형제들아 너희가 알지니 사람마다
듣기는 속히 하고 말하기는 더디 하며 성내기도 더디 하라
사람이 성내는 것이 하나님의 의를 이루지 못함이라
(야고보서 1:19,20)

주님과의 관계가 온전치 못할 때, 성내고 분노하는 감정이
드러나게 사단이 마구마구 마음을 흔들어 댑니다.
더욱 주님과의 관계를 비롯한 모든 관계를 흩트리고
끊어 버리도록 요동치게 합니다.

주님과의 온전한 깨어 있음의 친밀한 관계는 바로 주님으로부터
받은 믿음으로 매 순간마다 기도와 말씀과 묵상 그리고 예배적인
삶의 믿음으로 영성과 영안이 항상 깨어 있어야 합니다.

성내고 분낼 때에 죄가 우리 마음 문 앞에 삼키려 엎드려 있고
죄가 우리 마음을 원하고 있음을 잊지 말고 기억합시다.

성령의 와이파이를 켜고 on

아이 사무엘이 엘리 앞에서
여호와를 섬길 때에는
여호와의 말씀이 희귀하여
이상이 흔히 보이지 않았더라
(사무엘상 3:1)

지금 주님께로 연결되어 있습니까?
아니면 영적 수신 불가 지역에 있지는 않습니까?

잠시라도 인터넷이 터지지 않으면 답답한 만큼이나
주님께 깨어있는 연결이 되어 있지 않은 순간은
얼마나 견딜 수 있을까요?

예민한 성령으로의 와이파이가
항상 제 삶에 켜져 있길 소망합니다.

믿음의 삶이
테더링(Tethering)의 통로 되어
주변에 성령의 와이파이가 서로가 서로에게
성령으로 연결되는 통로 되게 하소서!

1 Samuel 3:1

on

Light

John 8:12

주님이 빛

j-light

예수께서 또 말씀하여 이르시되
나는 세상의 빛이니 나를 따르는 자는
어둠에 다니지 아니하고
생명의 빛을 얻으리라
(요한복음 8:12)

주님이 빛이시니
예수 그리스도의 십자가로
구원받은 크리스천이라면
빛이신 예수 그리스도안에서
빛나는 것은 당연합니다.

주님의 빛을 가리는
믿음이 아닌
제대로 그분을 빛내는
믿음 되길 소망합니다.

같은 불 다른 뜻 red signal

근신하라 깨어라
너희 대적 마귀가 우는 사자같이
두루 다니며 삼킬 자를 찾나니
너희는 믿음을 굳건하게 하여 그를 대적하라
이는 세상에 있는 너희 형제들도 동일한
고난을 당하는 줄을 앎이라
(베드로전서 5:8,9)

적색등의 다른 의미
빨갛게 정상적인 작동을 알려주는 신호이기도 하고
위기와 경고를 알리는 신호이기도 합니다.

오늘 저의 믿음의 삶에는 주님으로 인한 믿음으로 살아있는
힘찬 불이 켜져 있는지, 아니면 저도 모르게 느슨해지고
흐려진 심령에 빨간 경고의 불이 켜진것은 아닌지
살펴보게 하십니다.

어쩌면 세상에서 먹고사는 현실이라는 주인 앞에서 오래 전에
이미 방전되어 경고 신호조차 지나쳐 꺼진 줄도 모르고,
먼지에 쌓여 불 꺼진 모습으로 믿는다고 착각하며 있었는지도
모릅니다.

Signal

1 peter 5:8

out.

Psalms 74:12

부재와 임재 사이 out

하나님이여 대적이 언제까지 비방하겠으며
원수가 주의 이름을 영원히 능욕하리이까
주께서 어찌하여 주의 손 곧 주의 오른손을 거두시나이까
주의 품에서 손을 빼내시어 그들을 멸하소서
하나님은 예로부터 나의 왕이시라 사람에게 구원을 베푸셨나이다
(시편 74:1~12)

하나님을 향한 갈급한 심령이 잊혀지고 소멸되어 찾고 구할 것을
잃어버린 상태, 믿음 안에 하나님을 향한 갈급한 심령의 갈구와
간구가 없다면 하나님은 우리의 자리에 함께 하시지 못합니다.

믿음은 무엇보다 마음 안에 하나님의 부재가
가장 두렵고 무서운 것임을 깨닫습니다.
가장 고독하고 외로운 것은 주님의 임재가 떠나버린 심령입니다.

그것을 자각하지 못하는 무감각 무신경이 끝내 영적 고갈로 인한
마비와 굳어버림이 되고 딱딱한 돌이 되어 세상이란 현실 아래로
깊이 가라앉아버려 사라지는 것.

두렵고 떨리는 심령으로 매 순간 성령 안에 깨어 늘 주님으로
자각하는 주님의 부재가 아닌 임재의 믿음 되게 하소서.

켜져 있어야 한다 on

근신하라 깨어라 너희 대적 마귀가
우는 사자같이 두루 다니며 삼킬 자를 찾나니
너희는 믿음을 굳건하게 하여 그를 대적하라
이는 세상에 있는 너희 형제들도 동일한
고난을 당하는 줄을 앎이라

(베드로전서 5:8,9)

항상 주님 안에서 십자가 앞에 믿음으로 깨어있고
그리스도의 십자가로 켜져 있는
믿음 되게 도와주소서!

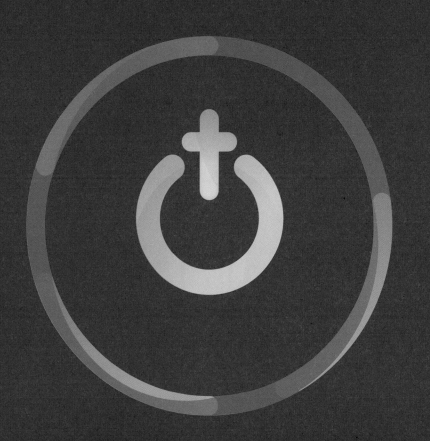

ON
1 Peter 5:8

Lampstand

Revelation 2 : 5

지금 나의 촛대에 성령의 불을 켜라 lampstand

그러나 너를 책망할 것이 있나니 너의 처음 사랑을 버렸느니라
그러므로 어디서 떨어졌는지를 생각하고 회개하여 처음 행위를
가지라 만일 그리하지 아니하고 회개하지 아니하면
내가 네게 가서 네 촛대를 그 자리에서 옮기리라
(요한계시록 2:4,5)

촛대는 이미 태에서부터 주님의 이름으로 선택되어 세워져 있고
주어져 있었음을 깨닫습니다. 그 촛대에 불이 켜져 있어야 합니다.
주님의 살아계시는 권능의 불로, 주님의 성령의 불로
밝고 빛나게 켜져 있어야 합니다.

제게 허락하신 촛대의 불을 더욱 환하게 주님의 빛으로 켜져 있게,
촛대인 제가 온전히 주님의 불을 밝힐 수 있는 믿음으로
오늘도 더욱 성실히 주님께 깨어있게 도와주소서.

꺼져가고 있고,
어쩌면 이미 꺼진 줄도 모르고 있는 것은 아닌지 어서 살펴 봅시다.
옮기시기 전에 어서 불을 밝힙시다.
불을 밝혀 옆에 함께하는 촛대에 불을 옮깁시다.

주님의 촛대로 세워진 저희가 오롯이 주님께 깨어 주님의 불을
밝히는 촛대로 세워지게 하시고 광명한 빛이신 주님의 영광이
밝히 밝아지게 하소서

성령 트리 j.tree

나는 포도나무요 너희는 가지라 그가 내 안에,
내가 그 안에 거하면 사람이 열매를 많이 맺나니
나를 떠나서는 너희가 아무 것도 할 수 없음이라
(요한복음 15:5)

주님께 연결되는 성령님의 연결선.
여기에 붙잡히고 연결되어, 믿음의 영성에 주님으로부터 허락된
영성의 불이 켜져집니다.

세상의 온갖 것으로 저의 정욕에 불이 켜져 있는 것이 아니라,
오직 주님 안에 주님께 허락된 성령님의 보내심 그리고 그 임재에
저의 영혼에 불이 켜져 있게 하시는 주님의 은혜를 찬양합니다.

이 땅에 그 연결됨이 이어지고 이어져 성령으로 이어진 뿌리내려짐.
성령의 트리를 세워가길 원하시는 주님의 은혜를 사모하며
순종하길 소망합니다.

주님 저의 영혼에
오직 주님으로만 불 켜져 있을 수 있음을 고백합니다.
주여 오늘도 종일 매 순간마다
성령의 불이
저의 믿음의 삶에 켜져 있게 하시니 감사합니다.

J.TREE

John 15:5

여호와께서 모세에게 말씀하여 이르시되
아론과 그의 아들들에게 말하여 이르기를
너희는 이스라엘 자손을 위하여 이렇게 축복하여 이르되
여호와는 네게 복을 주시고 너를 지키시기를 원하며
여호와는 그의 얼굴을 네게 비추사 은혜 베푸시기를 원하며

여호와는 그 얼굴을 네게로 향하여 드사
평강 주시기를 원하노라 할지니라 하라
그들은 이같이 내 이름으로 이스라엘 자손에게 축복할지니
내가 그들에게 복을 주리라

(민수기 6:22~27)

축
복

my throne,
my footstool

acts 7:49

하늘보좌 my throne my footstool

주께서 이르시되 하늘은 나의 보좌요
땅은 나의 발등상이니
너희가 나를 위하여 무슨 집을 짓겠으며
나의 안식할 처소가 어디냐
(사도행전 7:49)

"Heaven is my throne, and the earth is my footstool.
What kind of house will you build for me? says the Lord.
Or where will my resting place be? (act 7:49)

온 천지만물이 전지 전능하신 주님의 주권 아래 있으며
사람의 유한한 기준으로 전능자의 전능함을 표현할 길이 없음을
고백합니다.

언제나 하나님 family

네 조상의 하나님, 아브라함의 하나님
이삭의 하나님, 야곱의 하나님

하나님이 또 모세에게 이르시되
너는 이스라엘 자손에게 이같이 이르기를
너희 조상의 하나님 여호와 곧 아브라함의 하나님,
이삭의 하나님, 야곱의 하나님께서
나를 너희에게 보내셨다 하라
이는 나의 영원한 이름이요
대대로 기억할 나의 칭호니라
(출애굽기 3:15)

조상의 하나님, 외할아버지의 하나님,
엄마의 하나님, 나의 하나님,
내 자식의 하나님, 그 자식의 하나님,
그 자식의 자식의 하나님이 한 분이시며
세대를 이어 영원히 함께 하시는 주님이십니다.

오직 이와 같은 한 분 되신
여호와 하나님을 경외함으로 섬기며 믿는 저희의 가정과
가문 되게 하시는 주님을 찬양합니다. 아멘

Family

Exodus 3:15

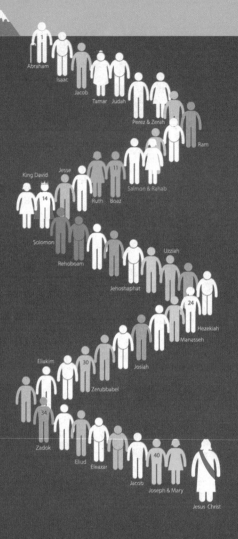

continue

Matthew 1:1

믿음의 이어짐 continue

아브라함과 다윗의 자손 예수 그리스도의 계보라(중략)
그런즉 모든 대 수가 아브라함부터 다윗까지 열네 대요
다윗부터 바벨론으로 사로잡혀 갈 때까지 열네 대요
바벨론으로 사로잡혀 간 후부터
그리스도까지 열네 대더라(마태복음 1:1~17)

믿음의 가문.
믿음의 족보는 하루아침에 이뤄지지 않았습니다.

여호와께서 민족의 백성을 이루게 하신다는 약속.
이 약속을 믿고 믿음으로 이어진 그리고 이어가게 하신
주님의 역사를 성경에 기록된 한 가문의 계승으로 보게 하십니다.

결코 다수의 가문을 통한 계승이 아니며
그러한 믿음의 계승이 이어지지 못했고 지금도 이러한 계승이
이루어지지 못하고 있음을 교훈하며 깨닫게 하십니다.

저는 어디에 서있고 어디로 이어질지 생각하게 됩니다.

팥죽 한 그릇 first

야곱이 이르되 형의 장자의 명분을 오늘 내게 팔라
에서가 이르되 내가 죽게 되었으니 이 장자의 명분이 내게
무엇이 유익하리요
야곱이 이르되 오늘 네게 맹세하라 에서가 맹세하고 장자의
명분을 야곱에게 판지라 야곱이 떡과 팥죽을 에서에게 주매
에서가 먹으며 마시고 일어나 갔으니 에서가 장자의 명분을
가볍게 여김이었더라(창세기 25:31~34)

여자가 그 나무를 본즉 먹음직도 하고 보암직도 하고
지혜롭게 할 만큼 탐스럽기도 한 나무인지라
여자가 그 열매를 따먹고 자기와 함께 있는 남편에게도 주매
그도 먹은지라(창세기 3:6)

가치의 우선순위!
오늘도 팥죽 한 그릇에 나의 소견에 옳은 대로 인간적인 배고픔과
욕심에 믿음의 맨 처음 자리를 팔며, 쉽고 편하게 합리적으로 포기
하는 것은 무엇이고 어디인지 어떨 때인지 항상 생각하게 하소서.

가장 우선순위가 오직 주님이시요.
주님 앞에서 주님만을 구하는 믿음 되게 하소서. 아멘

FIRST

Genesis 25:34

Autumn and Spring rains
James 5:7

이른비 늦은비

autumn and spring rains

그러므로 형제들아
주께서 강림하시기까지 길이 참으라
보라 농부가 땅에서 나는 귀한 열매를 바라고
길이 참아 이른 비와 늦은 비를 기다리나니
너희도 길이 참고 마음을 굳건하게 하라
주의 강림이 가까우니라
(야고보서 5:7~8)

아~ 가을비가 이른 비고 봄비가 늦은 비입니다.
봄날을 준비하는 가을이며 겨울임을 깨닫게 하십니다.
제게 허락하신 때를 감사드립니다.

모든 것 아시고 때를 따라 도우시는
주님을 신뢰합니다.

주님의 때를 따라 순종하며
믿음으로 대답하는
오늘의 삶이 되게 하심을 믿습니다.

집으로 the way home

내가 일어나 아버지께 가서 이르기를
아버지 내가 하늘과 아버지께 죄를 지었사오니
지금부터는 아버지의 아들이라 일컬음을 감당하지
못하겠나이다 나를 품꾼의 하나로 보소서 하리라 하고
이에 일어나서 아버지께로 돌아가니라
아직도 거리가 먼데 아버지가 그를 보고 측은히 여겨
달려가 목을 안고 입을 맞추니

(누가복음 15:18~20)

지치고 어렵고 힘들 때,
외롭고 세상에 혼자 있는 듯 고독할 때,
모든 것을 포기하고 이제 다 끝난 듯한 절망감이 마음에 가득 찰 때,
그래도 예수님을 믿는 저희에겐
돌아갈 하나님 아버지의 집이 있어 감사합니다.

세상은 불금이라 말하는 금요일, 오늘 저녁 시간,
세상의 화려한 유혹을 뚫고
철야예배로 이 밤도 기다리고 계시는 아버지의 집으로
여러분을 초대합니다.

Home

Luke 15:20

종일토록 all day

나의 혀가 주의 의를 말하며 종일토록 주를 찬송하리이다

(시편 35:28)

오늘 하루
핸드폰을 확인하는 횟수와 하나님을 바라보는 횟수는?
핸드폰을 바라보는 만큼 주님을 바라보는가?

누군가의 문자와 메시지를 확인하는 횟수만큼
주님과의 대화와 메시지를 확인하고 보고자 듣고자 하는가?
세상 것 만큼만 하나님을 바라보고 들을 수 있다면,
세상의 것이 눈에도 귀에도 들어오지 않을 만큼
귀하고 좋은 것, 오직 주님이십니다.

주바라기 1 jubaragi

여호와여 주의 도를 내게 가르치소서
내가 주의 진리에 행하오리니
일심으로 주의 이름을 경외하게 하소서
(시편 86:11)

주님만 바라며 주님만 바라보길 소망합니다.
주님이 주신 믿음의 마음 안에는
주님 외에 그 어느 것도 나누어 담기지 않게
주님의 것만으로 채워진 삶이
복된 믿음의 삶임을 고백합니다.

주님만을 모시고 사는 마음
그 마음만
가득하게 채워주소서.

Jubaragi

psalms 86:11

Jubaragi

1 Thessalonians 5:16

주바라기 2

jubaragi

항상 기뻐하라
쉬지 말고 기도하라
범사에 감사하라
이것이 그리스도 예수 안에서
너희를 향하신 하나님의 뜻이니라

(데살로니가전서 5:16~18)

24시간 ON
주바라기 입니다.
종일토록 주만 바라보는
24시간 영적인 집중의 시간!

항상 기뻐하라!
쉬지 말고 기도하라!
범사에 감사하라!

종일 주만 바라보라.
종일 주와 대화하라.
종일 주님이 함께하여 주시니
감사하지 않을 수 없습니다.

주님의 마음 _{heart}

주의 집에 사는 자들은 복이 있나니
그들이 항상 주를 찬송하리이다_(셀라)
주께 힘을 얻고 그 마음에
시온에 대로가 있는 자는 복이 있나이다
(시편 84:1~12)

만군의 여호와의 주여 장막이 어찌 그리 사랑스러운지요!

주님이 거하여 계신 곳,
주님의 임재가 거하고 계신 곳,
주님의 집이요 주님의 장막입니다.
교회이기도 하며 성전과 같은 저희의 마음이기도 합니다.

주님의 장막이 있는 곳,
주님이 계신 장막, 성전을 마음에 모시고 섬기며 사는 삶이
세상의 그 어떤 금은 보화를 좇으며 사는 평생보다
하루 한시라도 주님의 품 안에 주님의 성전 안에 사는 것,
주님을 섬기며 사는 것이
참으로 복된 삶이라 가르쳐 주십니다.

주님의 동산에서 주님의 시온으로 부르시는
주님의 은혜를 감사드립니다.

heart

psalms 84:5

그런즉 누구든지 그리스도 안에 있으면
새로운 피조물이라
이전 것은 지나갔으니 보라 새 것이 되었도다

(고린도후서 5:17)

자아를 찢고 new creation

그런즉 누구든지 그리스도 안에 있으면
새로운 피조물이라
이전 것은 지나갔으니 보라 새 것이 되었도다
(고린도후서 5:17)

스스로를 감싸고 가렸던 자기 의와 주장을 벗고,
하나님의 영광에 저를 비추이게 하십니다.
그 비춤에 주님의 형상이 저에게 비춰 주사
주님을 닮아가게 하십니다.

하나님의 형상이 온전히 비춰지는 것,
저를 벗어버리는 것입니다.

저를 감싸고 덮여진 능력 없는 자아성을 벗어버리고
끊임없이 하나님의 얼굴만을 바라보는
매일의 삶 되게 하소서.

NEW CREATION

2 Corinthians 5:17

salvation

1 Peter 1:3

구원의 빛 light2 - salvation

우리 주 예수 그리스도의 아버지 하나님을 찬송하리로다
그의 많으신 긍휼대로 예수 그리스도를 죽은 자 가운데서
부활하게 하심으로 말미암아 우리를 거듭나게 하사
산 소망이 있게 하시며 썩지 않고 더럽지 않고
쇠하지 아니하는 유업을 잇게 하시나니
곧 너희를 위하여 하늘에 간직하신 것이라(베드로전서 1:3,4)

빛으로 구원받아
빛이 되게 하시는 주님을 찬송합니다.
하늘의 별 보다
주님의 구원으로 빛나는 십자가의 빛이
이 땅에 더 많이 빛나게 밝혀 주시는
주님의 은혜를 감사합니다.

구원 인원 8명   8 souls

그들은 전에 노아의 날 방주를 준비할 동안 하나님이 오래
참고 기다리실 때에 복종하지 아니하던 자들이라 방주에서
물로 말미암아 구원을 얻은 자가 몇 명뿐이니
겨우 여덟 명이라(베드로전서 3:20)

그러므로 너희가 그리스도와 함께 다시 살리심을 받았으면
위의 것을 찾으라 거기는 그리스도께서 하나님 우편에 앉아
계시느니라 위의 것을 생각하고 땅의 것을 생각하지 말라
이는 너희가 죽었고 너희 생명이 그리스도와 함께 하나님
안에 감추어졌음이라(골로새서 3:1~3)

이 큰 방주에 암수 짐승 한 쌍 외
승선한 사람의 수는 노아와 아내, 세 아들과 며느리를
합쳐 8명 밖에 안되는군요.

믿는다고, 구원받았다고 말과 생각만 한다고
구원은 아닌 것 같습니다.

8 souls

1peter 3:20

guide

Luke 1:76

안내자 guide

이 아이여 네가 지극히 높으신 이의 선지자라 일컬음을
받고 주 앞에 앞서 가서 그 길을 준비하여 주의 백성에게
그 죄 사함으로 말미암는 구원을 알게 하리니

이는 우리 하나님의 긍휼로 인함이라
이로써 돋는 해가 위로부터 우리에게 임하여
어둠과 죽음의 그늘에 앉은 자에게 비치고
우리 발을 평강의 길로 인도하시리로다 하니라
(누가복음 1:76~79)

한 사람 한 사람이 구원의 믿음을 얻어 살아있는 믿음으로
빛나게 되고, 그 빛의 근원이신 주님을 바라보게 되는
시선의 삶은 당연합니다.

그 믿음의 시선이 향하고 있는 그 곳, 가리키고 있는 시선의
하나 하나는 작으나 모여지면 한 방향을 알리는 영향력이 됩니다.

주를 모르고 떠나 있는 자들에게 길이 어디인 줄 모르고 헤매는
자들에게 유일한 구원이신 예수님에게로의 길을, 생명으로의 길을,
본질의 길을 안내하는 십자가의 안내자가 되는 것,
믿음으로 바라보고 달려가는 저희의 사명입니다.

불러주심이 기적입니다 calling

하나님이 우리를 부르심은
부정하게 하심이 아니요 거룩하게 하심이니
그러므로 저버리는 자는 사람을 저버림이 아니요
너희에게 그의 성령을 주신 하나님을 저버림이니라
(데살로니가전서 4:1~18)

주 나의 이름 부를 때 나의 이름이 존귀케되니
주 내가 어딜 가든지 나와 함께 하시네

주 나의 이름 부를 때 나의 이름이 존귀케되니
주 내가 어딜 가든지 나를 지켜주시네

날 써 주소서 날 받으소서 내 생명 다해 주만 섬기리
사랑합니다~ 경배합니다~ 내 생명 되신 나의 주
(주 나의 이름 부를 때 CCM)

오직 주님으로 인하여 온전하여질 수 있는 것을
깨닫게 하신 주님 감사합니다.
온전케 하신 이로 말미암아 살고,
그 삶이 주신 분께 드려짐이 마땅함을 고백합니다.
주님 뜻대로 쓰이게 하소서.
아멘

calling
1 Thessalonians 4:7

오직 성령이 너희에게 임하시면
너희가 권능을 받고
예루살렘과 온 유대와 사마리아와 땅 끝까지
이르러 내 증인이 되리라 하시니라

(사도행전 1:8)

능

력

timing
Esther 4:14

이때가 바로 그때이다 *timing*

이 때에 네가 만일 잠잠하여 말이 없으면 유다인은 다른데로
말미암아 놓임과 구원을 얻으려니와 너와 네 아버지 집은
멸망하리라 네가 왕후의 자리를 얻은 것이
이 때를 위함이 아닌지 누가 알겠느냐 하니

에스더가 모르드개에게 회답하여 이르되
당신은 가서 수산에 있는 유다인을 다 모으고 나를 위하여
금식하되 밤낮 삼 일을 먹지도 말고 마시지도 마소서
나도 나의 시녀와 더불어 이렇게 금식한 후에 규례를 어기고
왕에게 나아가리니 죽으면 죽으리이다 하니라
(에스더 4:14~16)

큰 파도가 멀리 더 높이 이르게 합니다.
큰 파도가 더 많이 더 멀리 더 넓게 퍼집니다.

큰 파도에 가만히 쓸려 떠내려가는 믿음이 아닌
성령의 큰 파도가 제게 다가올 때 깨어있는 믿음으로
주님의 파도에 올라타 주께 더욱 나아가길 소망합니다.

지금 그때가 이르렀음을
지금이 바로 이때를 위함임을 믿습니다.

두나미스 dunamis

오직 성령이 너희에게 임하시면 너희가 권능을 받고 예루살렘과
온 유대와 사마리아와 땅 끝까지 이르러 내 증인이 되리라 하시니라
(사도행전 1:8)

두나미스는 다이너마이트의 어원이기도 합니다.
터져서 강한 영향력을 미치는 폭발 능력,
크리스천으로 저는 어떤 폭발 능력으로 지나온 삶에서 터트렸으며
또한 앞으로 터트릴 것인지를 생각해봅니다.

주변을 황폐화시키고 부숴버리는 부정적인 능력의 폭발은
아니었는지 평안과 위로를 퍼트리고 주님의 선한 힘을 전하며 돕는
선한 은혜의 폭발을 할 것인가에 대한 묵상을 하게 하시니
이전까지 참으로 저는 주변을 어렵고 힘들게 하는 폭탄 같은
사람이었음에 참 부끄러운 마음으로 고백하며 되돌아보게 됩니다.

당연히 주님을 믿는 자, 주께서 사랑하시어 주님을 믿게 한
저희들에게는 주님의 은혜 안에 폭발이 바로 주님이 주신
두나미스가 나타내어지는 것이 지극히 당연함을 깨닫습니다.

오늘도 종일 주님의 능력을 힘입어 불안하고 위험하여 주님의
영광 가리는 시한폭탄 같은 믿음이 아닌, 주님의 능력이 터지는
선한 폭탄으로 주님의 영광을 더욱 더 확대하는 연쇄 폭발의
믿음 되길 소망합니다. 아멘

dunamis

acts 1:8

bomb

Romans 6:1~23

사과폭탄 bomb

너희 자신을 종으로 내주어 누구에게 순종하든지
그 순종함을 받는 자의 종이 되는 줄을
너희가 알지 못하느냐 혹은 죄의 종으로 사망에 이르고
혹은 순종의 종으로 의에 이르느니라

하나님께 감사하리로다 너희가 본래 죄의 종이더니
너희에게 전하여 준 바 교훈의 본을 마음으로 순종하여
죄로부터 해방되어 의에게 종이 되었느니라
(로마서 6:16~23)

설날입니다.
흩어진 가족들이 한자리에 모여 예배하고 주님의 은혜를 나누는
자리가 되는 것을 사단은 가만두지 않습니다. 불편하고 아픈 곳을
건드려 마음속 폭탄을 터트리라 불씨를 마구 던집니다.
이미 선악과는 우리들의 마음에 원죄로 자리하고 있습니다.

주님의 마음에 순종하면 성령의 능력이 폭발하여 주변을 살리지만,
사단의 마음을 따라 사과폭탄을 터트리면 주변이 아프고
고통스러운 사망자만 무수합니다.

주님안에 은혜와 사랑이 폭발하는
성령의 능력만 터지는 명절 되게 하소서.

꺼져 beat it

끝으로 너희가 주 안에서와 그 힘의 능력으로
강건하여지고 마귀의 간계를 능히 대적하기 위하여
하나님의 전신 갑주를 입으라
우리의 씨름은 혈과 육을 상대하는 것이 아니요
통치자들과 권세들과 이 어둠의 세상 주관자들과
하늘에 있는 악의 영들을 상대함이라
(에베소서 6:10~12)

예수 그리스도의 이름으로 명하노니
종이 사자일 뿐인 세상 권세의 두려움과 염려
여기서 썩 꺼져!

으르렁 으르렁 으르렁대!
우는 사자는 종이에 그려진 허상처럼 우리의 마음에 두려움으로
그려내 떨게 하는 사단과 세상 권세자의 공포 전략일 뿐입니다.

주님의 이름으로 구원받아 믿음으로 살게 된 믿음의 삶은
전능하신 여호와 하나님의 독생자 예수 그리스도 능력의 이름으로
훅 불어버리면 그만인 것들입니다.

그러니 다 함께 믿음으로 외쳐봅시다!
꺼져!!!

Beat it

Ephesians 6:12

shut up

Daniel 6:22

그 입 다물라 shut up

나의 하나님이 이미 그의 천사를 보내어 사자들의 입을
봉하셨으므로 사자들이 나를 상해하지 못하였사오니
이는 나의 무죄함이 그 앞에 명백함이오며 또 왕이여
나는 왕에게도 해를 끼치지 아니하였나이다 하니라

왕이 심히 기뻐서 명하여 다니엘을 굴에서 올리라 하매
그들이 다니엘을 굴에서 올린즉 그의 몸이 조금도 상하지
아니하였으니 이는 그가 자기의 하나님을 믿음이었더라
(다니엘 6:22,23)

그 입 다물라!
현실이라는 사자, 물질이라는 사자
수많은 사자가 울부짖으며 지키고 서있습니까?
그럼 그 울부짖는 입 닫으라!
예수 그리스도의 이름으로 선포하면 됩니다.

우리는 주님의 전능하신 손길로 인도받는 믿음의 사람들입니다.

소리만 요란하고 덩치만 큰 것에 두려워하지 말고지, 염려하지 말고
전능하신 주님을 믿는 자의 능력을 담대히 선포하며 찌질하게 믿지
말고 주님의 영광으로 폼나게 믿읍시다.

왕중에 왕 King of Kings

그들이 어린 양과 더불어 싸우려니와
어린 양은 만주의 주시요
만왕의 왕이시므로

그들을 이기실 터이요 또 그와 함께 있는 자들
곧 부르심을 받고 택하심을 받은
진실한 자들도 이기리로다
(요한계시록 17:14)

저도 실세가 있습니다.
그런데 너무 감추고 사는 것 같아 마음이 참 부끄럽습니다.

비선 실세라 하며 주인이라 칭하는 가라지같은 이리들로
요즘 마음이 너무 부요하고 너무 어처구니가 없어
도저히 가만 있을 수가 없습니다.

그래서 저는 저의 실세를 고백합니다.

만주의 주시요
만왕의 왕이신 진정한 주인 되신 분을 증인으로 밝힙니다.

King of Kings

Revelation 17:14

요셉이 잠에서 깨어 일어나
주의 사자의 분부대로 행하여
그의 아내를 데려왔으나
아들을 낳기까지 동침하지 아니하더니 낳으매
이름을 예수라 하니라

(마태복음 1:24,25)

순종

온전한 깨달음과 순종 magi

박사들이 왕의 말을 듣고 갈새
동방에서 보던 그 별이 문득 앞서 인도하여 가다가
아기 있는 곳 위에 머물러 서 있는지라
그들이 별을 보고 매우 크게 기뻐하고 기뻐하더라

집에 들어가 아기와 그의 어머니 마리아가 함께
있는 것을 보고 엎드려 아기께 경배하고
보배합을 열어 황금과 유향과 몰약을 예물로 드리니라

그들은 꿈에 헤롯에게로 돌아가지 말라
지시하심을 받아 다른 길로 고국에 돌아가니라

(마태복음 2:1~12)

Magi

Matthew 2:11

예수 그리스도의 나심을 깨닫고 바라보게 된 사람들이 생각보다 많음을 오늘의 말씀을 통해 알게 되었습니다. 그러나 여기서 예수님의 탄생을 바라보나 각기 다른 행동과 생각을 보게 하십니다.

백성을 구원코자 보내신 주님의 귀하고 귀한 뜻을 깨달은 자는 기쁘고 더욱 기뻐하는 경배와 찬양으로 높이지만, 어떤 이는 자신의 권위와 권세에 영향이 미칠까 염려하고 두려워하며 자신의 안목과 일신의 안위만을 생각하는 모습을 나타냅니다.

예수님의 나심을 보고 드러나는 모습들 속에 믿음으로 산다고 하나 믿음으로 살지 않고 있는 저의 모습과 태도를 되돌아보게 하십니다.

왕의 나심을 기뻐하고 경배하는 동방박사들의 깨달음. 온전한 경외와 경배하심에 순종하며 베들레헴 예수 나심의 장소로 별의 인도함을 받습니다. 예수님의 거룩한 탄생의 자리에 초대받은 동방박사는 단 세 명의 박사임을 보여주십니다.

많은 이들이 보았고 알았으나 어디에 있는지 보이지 않습니다. 또한 그들은 유대 시골 베들레헴 구유에 나신 예수 그리스도의 위대한 탄생과 구원자의 나심 앞에 초대받지 못하였습니다.

스스로 알았음에도 그 깨달음을 자신의 유익에만 적용하여 자신을 지키는 자리에 그대로 있었습니다.

동방박사 세 사람은 별의 인도함을 받아 탄생의 자리에 왕 되신
예수그리스도의 나심에 초대되었고, 거룩한 주님 앞에 신실한
경배와 찬미를 올립니다.

존귀하시며 거룩하시고 경외로우심을 깨닫고 알았기에
아기 예수님 앞에 엎드려 경배함이 소홀할 수 없었습니다.
알게 되고 깨달아져서 엎드려지는 경배와 경외함의 심령이
저를 깨닫게 하시고 배우게 하십니다.

또한 헤롯왕의 지시를 따르지 않고, 꿈에 주님의 지시하심을 받아
돌아가지 않고 진정한 왕의 명령을 따릅니다. 이와 같이 어디에
명령을 받고 그 명령에 순종하는지 온전한 방향성이
온전히 주님이심을 깨닫게 하십니다.

Mary & Joseph

Luke 1:38 & Matthew 1:24

순종으로 나셨다 mary & joseph

마리아가 이르되 주의 여종이오니 말씀대로
내게 이루어지이다 하매 천사가 떠나가니라(누가복음 1:38)

요셉이 잠에서 깨어 일어나 주의 사자의 분부대로 행하여 그의
아내를 데려왔으나 아들을 낳기까지 동침하지 아니하더니 낳으매
이름을 예수라 하니라(마태복음 1:24,25)

혼례와 초야를 치르지 않은 처녀인데도
성령으로 아기를 잉태하게 된 동정녀 마리아.
혼례와 초야를 치르지 않은 체 아기를 가진 여인을 아내로 맞이한 요셉,
이 두 사람은 여호와 하나님의 말씀에
말도 안 되는 상황에도 주님께 순종합니다.

이 순종으로 하나님의 독생자이시며, 죄로 물든 백성을 구원하시는
메시아 예수 그리스도께서 사람의 모습으로
이 땅에 가장 낮고 초라한 자리에 나셨습니다.

남녀의 서로를 향한 애틋한 러브스토리가 아닙니다.
남녀가 여호와 하나님을 향하는 러브스토리입니다.

남녀가 행한 감당하기 쉽지 않은 믿음의 순종이
참 아름답고 감사합니다.

크리스천이라면 응답하라 1 q&a

내가 네 행위를 아노니 네가 차지도 아니하고
뜨겁지도 아니하도다
네가 차든지 뜨겁든지 하기를 원하노라
네가 이같이 미지근하여 뜨겁지도 아니하고
차지도 아니하니 내 입에서 너를 토하여 버리리라
(요한계시록 3:15,16)

크리스천으로 살아낸다는 것은
믿음의 응답이 즉각적으로 살아 있는 것입니다.
주님의 말씀에 주님의 음성에 응답해야 합니다.
교회가 응답하고, 성도가 응답하고,
천지만물이 그 부르심에 응답하는 것이 당연합니다.

오늘 지금 즉시 믿음으로 응답합시다.
수없이 많은 말은 하고 있으나 주님 안에 있지 않고
주님과 상관없는 말만 늘어놓는 말씀의 벙어리가 아닌
주님의 부르심의 말씀에 응답하는 저희가 되길 소망합니다.

부르시는 말씀에 마음을 열어 듣게 하소서
응답하는 믿음 되게 하시니, 들을 수 있어 응답할 수 있게 하시는
은혜 주셔서 감사합니다.

Q & A

Revelation 3:16

응답하라
0691

Action!

Acts 20:24

믿음이라면 응답하라 2 action

내가 달려갈 길과 주 예수께 받은 사명 곧 하나님의 은혜의 복음을
증언하는 일을 마치려 함에는 나의 생명조차 조금도 귀한 것으로
여기지 아니하노라(사도행전 20:24)

내가 주릴 때에 너희가 먹을 것을 주었고 목마를 때에 마시게 하였고
나그네 되었을 때에 영접하였고 헐벗었을 때에 옷을 입혔고
병들었을 때에 돌보았고 옥에 갇혔을 때에 와서 보았느니라(중략)
임금이 대답하여 이르시되 내가 진실로 너희에게 이르노니
너희가 여기 내 형제 중에 지극히 작은 자 하나에게 한 것이
곧 내게 한 것이니라 하시고(마태복음 25:31~40)

지금 주님의 명하심에 그리고 말씀하심에
믿음으로 응답하고 계십니까?
아니면 주님께 자신의 원하는 답만을 구하고
응답받기만 원하고 계십니까?

묵묵부답의 시대
모릅니다! 기억에 없습니다! 본적도 들은 적도 없습니다!

예수님을 부인하는 외식된 불신앙의 믿음을 회개하며
돌이켜 서서 시인하고 자복하는 응답이 충만한 믿음으로
오늘을 살게 인도하시는 주님을 찬양합니다. 아멘

노답 no answer

귀 있는 자는 성령이 교회들에게 하시는 말씀을 들을지어다

(요한계시록 2:29)

묵묵부답(默默不答)
주님이 교회에 보내신 편지가
혹시 무관심으로 가득히 쌓여있지는 않는지요
응답이 없고 더디다 투정하고 사람이 원하는 응답만 기다리며
주님의 마음은 듣지 않는 이기적인 마음을 회개합니다.
용서하여 주소서

주님의 답이 없는 것이 아닌
주님 앞에 답이 보이지 않는
노답은 아닌지 되돌아보게 하십니다.

노답의 믿음이 아닌
응답의 믿음 되길 소망합니다.
아멘

0691†

no answer
Revelation 2:29

Unread

matthew 13:15

읽지 않는 편지 unread

이사야의 예언이 그들에게 이루어졌으니 일렀으되 너희가 듣기는
들어도 깨닫지 못할 것이요 보기는 보아도 알지 못하리라
이 백성들의 마음이 완악하여져서 그 귀는 듣기에 둔하고 눈은
감았으니 이는 눈으로 보고 귀로 듣고 마음으로 깨달아 돌이켜
내게 고침을 받을까 두려워함이라 그러나 너희 눈은 봄으로,
너희 귀는 들음으로 복이 있도다(마태복음 13:14~16)

하나님이 예수님을 통해 수없이 많은 사랑의 편지를 보내셨고
지금도 포기치 않으시고 순종의 응답을 기다리시며
저에게 사랑의 편지를 계속 보내시고 계십니다.

그럼에도 이미 수 없이 많이 전해져 온 사랑의 편지는 읽지도 않고
쌓아둔 채, 저의 원함과 바램의 소망만 주님께 구하며 제가 원하는
응답만 기다리고 있음을 깨달아 회개하게 하십니다.

응답하는 것이 당연한데, 주님의 사랑을 읽고 깨달았다면 응답
할 수밖에 없는데, 주님의 사랑보다 저의 주장과 원함이
더 중요하게 저에게 차지하고 있음을 되돌아보게 하십니다.

주님이 보내주신 사랑의 편지,
너무나 귀하고 감사히 깨달아 그 사랑에 응답하는
믿음의 자녀로 살도록 인도하여 주시니 감사합니다.
아멘